AF503195

MANUEL DE L'ARCHIVISTE.

LES ARCHIVES DÉPARTEMENTALES DE FRANCE.

MANUEL DE L'ARCHIVISTE

DES

PRÉFECTURES, DES MAIRIES ET DES HOSPICES;

CONTENANT

LES LOIS, DÉCRETS, ORDONNANCES, RÈGLEMENTS, CIRCULAIRES
ET INSTRUCTIONS RELATIFS AU SERVICE DES ARCHIVES;

DES RENSEIGNEMENTS PRATIQUES POUR LEUR EXÉCUTION ET POUR LA RÉDACTION
DES INVENTAIRES;

et précédé

D'UNE INTRODUCTION HISTORIQUE SUR LES ARCHIVES PUBLIQUES ANCIENNES
ET MODERNES;

Par M. Aimé CHAMPOLLION-FIGEAC.

PARIS,

<table>
<tr><td>IMPRIMERIE ET LIBRAIRIE ADMINISTRATIVES</td><td>LIBRAIRIE</td></tr>
<tr><td>DE PAUL DUPONT,</td><td>DE J. B. DUMOULIN,</td></tr>
<tr><td>RUE DE GRENELLE-SAINT-HONORÉ, 45.</td><td>QUAI DES AUGUSTINS, 13.</td></tr>
</table>

1860.

LES-
ARCHIVES DÉPARTEMENTALES
DE FRANCE.

INTRODUCTION HISTORIQUE.

1. ARCHIVES ANTÉRIEURES A 1790.

Dans l'ancienne France, il y avait des Archives partout. *Seigneuriales* : dans chaque château, parce que point de terre sans seigneur ; *Ecclésiastiques* (séculieres et régulieres) : évéchés, chapitres, collégiales, abbayes, prieurés ; *Judiciaires* : parlements, bailliages, sénéchaussées, cours des comptes, des aides, des monnaies, maîtrises des eaux et forêts, etc.; *Civiles* : États provinciaux, intendances, subdélégations, élections, bureaux des finances, communes, etc.

A toutes les époques de notre histoire, le Gouvernement s'est préoccupé de l'utilité de ces Archives et des moyens les plus propres à en assurer la conservation.

« Pour apprécier l'importance des Archives antérieures « à 1790, dit le *Rapport au Roi* (1), on ne saurait chercher « un terme de comparaison dans les applications dont sont

---

(1) *Rapport au Roi*, du 8 mai 1841, par M. le comte Duchâtel, ministre de l'intérieur ; Paris, Imprimerie royale, 1841, in-4°, p. 5.

« susceptibles, au bout d'un temps plus ou moins éloigné,
« les Archives de l'administration moderne. Moins limitées
« dans leur objet que les Archives modernes, les anciennes
« comportent un intérêt politique, administratif et social,
« complexe en un mot, comme l'état de choses dont elles
« sont le reflet, et dans lequel le droit de propriété se con-
« fondait le plus souvent avec des droits démembrés de la
« souveraineté ou avec l'obligation d'un service public.
« Moins uniformes que les documents modernes, elles pré-
« sentent, dans les choses comme dans les dénominations,
« l'image variée d'une société formée par agglomérations
« successives des nationalités diverses, dont la Révolution
« seule a fait disparaître entièrement les originalités indi-
« viduelles.

« Ce n'est pas à notre siècle qu'appartient la première
« pensée d'une exploration générale des titres qui renfer-
« ment le passé de notre pays (1). »

En effet, Mathieu Molé devenu procureur général du
parlement de Paris, après avoir fait unir à cette charge celle
de trésorier des chartes, entreprit immédiatement de reconstituer l'ancien *Trésor des chartes du Roi*, alors presque
entièrement dispersé, et d'en faire dresser un inventaire
régulier (2) : c'est donc à l'année 1615 que l'on peut faire
remonter la pensée de constituer de nouveau et plus régulièrement les Archives en France.

« Colbert et d'Aguesseau (3) avaient conçu le projet d'une

---

(1) *Rapport au Roi, p.* 5.

(2) Voyez les *Mémoires de Molé*, I, p. 53, que nous avons publiés pour
la Société de l'histoire de France, en 4 volumes, in-8°.

(3) Le *Rapport au Roi*, du 8 mai 1841, oublie de rappeler les ser-

« collection générale des documents relatifs à l'histoire et
« au droit public du royaume. Ces travaux, dont ils ne pu-
« rent qu'entamer l'exécution, reçurent, particulièrement
« sous le règne de Louis XV, une forte impulsion. Les États
« des provinces et le corps du clergé s'y associèrent par
« des votes de fonds (1). »

Dès l'année 1708, un édit du Roi, donné au mois de janvier, créait des offices de garde des Archives près les parlements, chambres des comptes, cours des aides et des
monnaies, requêtes de l'hôtel du Roi et du palais, bureaux
des finances, présidiaux, bailliages, sénéchaussées et autres siéges ressortissant des cours souveraines. (*Appendice*,
pièce n° I, p. LII.) Ces agents nouveaux de l'administration
étaient chargés de conserver les registres, titres, arrêts,
aveux, dénombrement, etc., et les titulaires de ces offices,
indépendamment d'une foule de priviléges, avaient encore
droit au même titre de noblesse que les secrétaires de la couronne, maison et finances du Roi, etc. En novembre 1733,
furent institués les secrétaires-greffiers, chargés des Archives des villes et communautés, et un arrêt du conseil
d'État du 26 février 1743 leur ordonna de faire, annuellement, le récolement des titres, papiers et autres actes étant
aux greffes et dans les Archives des villes et communautés (2). (*Appendice*, pièce n° II, p. LV.)

---

vices rendus par les chanceliers Ponchartrain, Lamoignon et Maupeou,
et par le ministre Bertin. Nous reviendrons sur les travaux ordonnés par
ces hauts fonctionnaires de l'État.

(1) *Rapport au Roi*, p. 5.

(2) On doit considérer les deux déclarations suivantes, qui furent rendues après l'incendie de la chambre des comptes de Paris, comme une

2. EXPLORATION DES ARCHIVES. — LEUR UTILITÉ POUR LES TRAVAUX ORDONNÉS PAR LE GOUVERNEMENT.

A ces créations diverses d'offices, se rattachent aussi les plans et projets de grandes collections de documents manuscrits les plus nécessaires pour faciliter les publications ordonnées par le Roi, et au nombre de ces collections nous devons placer en première ligne l'établissement, en 1759, du *Dépôt de législation*, assemblage méthodique de toutes les lois du royaume, qui fut porté à plus de trois cent mille pièces et qui existe encore à la chancellerie et aux Archives générales de l'Empire. Ce dépôt amenait, comme une de ses dépendances naturelles, la réunion de tous les monuments historiques qu'il serait possible de découvrir, et Louis XV ordonna cette réunion en 1762, sous le ministère de M. Bertin. Des arrêts du conseil, des 8 octobre 1763 et 18 janvier 1764, réglant l'ordre du travail et celui des dépenses, appelèrent le zèle et le concours de tous les savants vers ce grand but d'utilité publique, établirent des conférences (1) très-propres à régulariser tant d'honorables efforts, les excitèrent de plus en plus par de nouvelles dispositions ajoutées aux précédentes (2), et augmentèrent aussi,

---

nouvelle preuve de toute l'attention que le Gouvernement accordait aux Archives, lorsqu'il y avait lieu de le faire.

« Déclaration du Roi qui ordonne la représentation des titres à la chambre des comptes, donnée à Versailles, le 26 avril 1738.

« Déclaration du Roi, qui proroge jusqu'au dernier décembre 1740 le délai accordé par celle du 26 avril 1738, pour la représentation des titres en la chambres des comptes, donnée à Versailles, le 21 décembre 1739. »

(1) Les conférences ne commencèrent qu'en l'année 1779.

(2) Le ministre Maurepas fit rendre, en l'année 1781, de nouveaux arrêts du conseil favorables à cette création du Dépôt de législation.

par l'influence de M. d'Ormesson, les fonds destinés aux dépenses de ces collections (1).

Dans cet intervale de temps, la *Bibliothèque historique de la France* avait été publiée par le père Lelong, mais une seconde édition plus complète fut jugée nécessaire. Févret de Fontette reçut la mission de l'exécuter après la mort de Lelong, et il fit immédiatement appel au concours des ministres. Sur la demande de ces hommes d'État, une lettre circulaire du Roi, de l'année 1763, prescrivit aux intendants (2), subdélégués, etc., de rechercher, même dans les cabinets des particuliers, les documents manuscrits ou imprimés relatifs à l'histoire de France (3).

Mais la formation du Dépôt de législation (voyez l'édit de 1788, p. 286), n'était qu'une partie du vaste plan de travail arrêté par le gouvernement, de l'avis et d'après les projets dressés par les plus savants hommes de ce temps. Les détails et l'ensemble de ces mesures si sagement multipliées, si habilement variées, après avoir été longuement mûries, nous ont été retracées par mon père dans son *Introduction* aux deux volumes ayant pour titre : *Lettres des Rois, Reines et autres personnages*, et qui font partie de la col-

---

(1) Voyez, à ce sujet, la *Notice sur le Cabinet des chartes et diplômes de l'histoire de France*, publiée par mon père, cabinet dont il a été le directeur jusqu'à sa réunion à la section des manuscrits de la Bibliothèque Royale, en 1828.

(2) Archives Départementales du Lot. C. 29; et, pour le texte de ces lettres : Revue archéologique, xvie année, p. 310.

(3) Le ministre Roland paraît avoir eu la pensée de sauver ce dépôt et de le conserver dans son état primitif, lorsqu'il proposait, le 14 janvier 1793, à la Convention, de rassembler au Louvre toutes les Archives ayant quelque rapport aux travaux de législation. (Voyez *Les Archives générales de l'Empire*, par M. Bordier, p. 6.)

lection des *Documents inédits* (1). Si la France ancienne s'acquit, à cette époque, une juste renommée dans les études historiques, c'est que, dans aucun autre État, on ne s'était occupé, avec autant d'ardeur et de désintéressement, à assurer en même temps la conservation et le bon usage des documents originaux des annales publiques.

Vers ce temps, une mission littéraire fut donnée à M. de Bréquigny, pour rechercher dans les dépôts d'Angleterre tous les documents utiles à l'histoire de France (2). M. de Praslin, ministre des affaires étrangères, fit décider cette mission, et, après avoir pris les ordres du Roi, chargea M. Bertin, secrétaire d'État, d'en régler tous les détails. L'exposé des travaux que M. de Brequigny réalisa durant plusieurs années, par l'examen des collections nombreuses conservées dans les Archives de Londres, et par les copies qu'il fit faire des documents utiles à éclairer les parties diverses de notre histoire, se trouve dans sa correspondance avec les ministres (3). Ce plan servit aussi de guide aux missions analogues que remplirent, à Rome, Laporte du Theil, et dans d'autres Archives de la Catalogne, des Pays-Bas et de quelques villes d'Allemagne, des hommes distingués par leurs connaissances en diplomatique.

En même temps, le ministre de Calonne proposait de

---

(1) Lettres des Rois, Reines et autres personnages des cours de France et d'Angleterre, publiées par M. Champollion-Figeac et par ordre du ministre de l'instruction publique, en 1839 et années suivantes. — 2 volumes, in-4°.

(2) Bréquigny arriva à Londres en 1764.

(3) Cette correspondance a été publiée par mon père en 1831, Paris, Didot, in-8°.

nouveaux moyens d'émulation qui furent non moins utiles, et le clergé s'y associa, en 1785, en ajoutant aux fonds accordés par le Roi un supplément pris sur les dépenses qu'il affectait à l'histoire de l'Église. Les États de Provence imitèrent ce généreux exemple ; les ordres de M. de Calonne assurèrent de nouveau, en 1787, le concours de tous les intendants, et l'organisation du travail, centralisée dans les mains de l'historiographe Moreau (1), sous l'autorité du ministre, rendit tous ces efforts propices et fructueux. Les hommes instruits de tous les pays recherchaient l'honneur d'y concourir. Le Roi honorait leur empressement et récompensait les plus notables services par des grâces de tous genres.

La congrégation de Saint-Maur et celle de Saint-Vannes avaient échelonné leurs plus habiles ouvriers sur tous les points de la France où quelques recherches étaient à faire. Les documents arrivaient en abondance, et tout cet ensemble de sages mesures concourait à assurer la publication des grands ouvrages ordonnés par le Roi. Déjà avait paru le premier volume de la *Table chronologique* des diplômes, chartes, titres et autres imprimés concernant l'histoire de France, par M. de Bréquigny ; cet ouvrage sortit des presses de l'Imprimerie royale, ainsi que le recueil des *Ordonnances des Rois de France* de la troisième race et celui des *Historiens de France* publié par la congrégation de Saint-Maur. « Dans le but d'assurer la bonne direction des recherches, « le ministre avait aussi prescrit aux intendants de pro- « vinces de fournir des nomenclatures des dépôts d'Archives

---

(1) Voyez la *Notice sur le Cabinet des chartes*, par M. Champollion-Figeac.

« qui existaient dans leurs ressorts respectifs. Ces nomen-
« clatures, quoique incomplètes à divers égards et même
« formant lacune pour quelques régions, constataient néan-
« moins, vers l'année 1770, l'existence en France de 5,700
« dépôts. Dans ce nombre, se trouvaient signalés, indé-
« pendamment des Archives des corps souverains, des
« corps administratifs, des archevêchés et évêchés, 1,700
« abbayes, prieurés, couvents; 394 chapitres ou collé-
« giales; 1,700 maisons seigneuriales, et 855 Hôtels de
« Ville (1). »

Des *instructions* pour les bénédictins et autres savants
chargés de la collection des anciennes chartes, d'autres
instructions sur les recherches des chartes manuscrites,
des *lettres de Moreau* aux bénédictins, des *nouvelles instructions* aux bénédictins chargés des différentes histoires
de province, des *Circulaires* aux intendants de province,
des *Comptes rendus au Roi* sur les résultats réalisés, un
Mémoire sur le travail des chartes, enfin, un célèbre *Plan
d'études* (2) pour la congrégation de Saint-Maur, présenté

---

(1) *Rapport au Roi*, p. 6. Des inventaires analytiques furent aussi
adressés à l'historiographe Moreau et déposés au cabinet qu'il dirigeait.
On trouvera l'état des inventaires alors rédigés dans l'*Annuaire de* 1861.

(2) Ce *plan d'études* commence ainsi :

« Le premier qui a mis en question si un moine pouvait ou ne devait
pas étudier a, par une suite de problèmes, fait un double affront à l'humanité et à la patrie. Il a supposé que l'étude gâtait les mœurs, il a pensé
qu'un moine ne devait prendre aucun intérêt à la patrie, quoique ce soit
aux lois qu'il est redevable de son existence politique.

« On n'arrache pas les vignes d'une province parce qu'il y a des ivro-
gnes, et l'on ne dispensera pas un moine des obligations du serment qui
l'attache au prince et à l'État, quoiqu'il veuille se sanctifier.

au chapitre général de cet ordre religieux (1), tels furent encore les mémorables mesures qui créèrent, en si peu de temps, des collections importantes de documents, témoins les plus authentiques de nos origines et de notre progression sociale, d'une utilité incontestable aussi pour l'histoire et le droit public du royaume. Les chartriers des villes, des églises, des monastères, des compagnies judiciaires et des grandes maisons de France furent mis à contribution.

Ce plan n'effraya point par son étendue l'autorité qui en dirigeait l'exécution, et les ouvriers ne manquèrent pas à cette œuvre historique. Ceux de Bretagne se distinguèrent par un zèle tout particulier, en formant, en 1783, une *So-*

« Les mystiques ont renversé toutes les idées de l'Ordre. Les devoirs primitifs et imprescriptibles ont disparu sous l'amas énorme et allégorique des obligations secondaires. Ils ont imaginé qu'un religieux avait rompu tous les liens qui l'attachent à la société. En travaillant sur ce point maladroit et fautif, ils ont eux-mêmes donné aux jurisconsultes l'idée barbare de retrancher les religieux de la société. De là, deux contradictions palpables : Un moine est et n'est pas sujet de l'État ; il a et n'a point droit à la protection des lois ; il est citoyen et ne l'est pas. Il est mort, dit-on, civilement. Cette décision nouvelle et opposée aux vraies maximes du droit public, ainsi qu'aux usages de l'antiquité, caractérise d'une part les erreurs des mystiques, et de l'autre l'adresse des jurisconsultes à profiter de ces erreurs pour les établir en principe. Enfin, pour comble de délire et de fanatisme, on a vu, de nos jours, des hommes célèbres par leur talent comparer les moines aux ilotes, vils esclaves de Sparte. Nous n'opposerons à cette barbarie gothique que nos sentiments et nos devoirs. (*Préface des Lettres des Rois et Reines*, etc., p. 46.

(1.) Le texte de toutes ces *Instructions* et de ces *Mémoires* se trouve reproduit dans l'*Introduction aux Lettres des Rois et Reines*, pages 5, 7, 11, 12, 14, 16, 19. — Nous avons réimprimé à l'Appendice, pièce n° III, p. LVI, la partie du *Plan de ces études* qui se rapporte aux Archives.

ciété patriotique pour la recherche des matériaux utiles à l'histoire de leur province, société dont M. Georgelin, sénéchal de Corlay, fut le promoteur.

Enfin, un *Bureau littéraire* fut créé par arrêt du conseil; il représentait alors le *Comité historique* qui a été depuis formé par M. Guizot, près le ministère de l'Instruction publique, et qui subsiste encore. Les séances de ce *Bureau littéraire* étaient régulières; il avait des correspondants et il comptait parmi ses membres des hommes qui ont laissé un nom illustre dans les sciences historiques.

Honorer publiquement et récompenser par des grâces royales le concours des collaborateurs à cette œuvre immense, ce moyen, toujours puissant en France, ne fut point oublié alors. Le Roi accorda des lettres de noblesse, des cordons, des exemptions de droits pécuniaires, des préférences à des emplois vacants, fondées sur le seul concours à ces travaux; c'est ainsi qu'on sut pourvoir à tous les besoins, à tous les désirs, créer comme par enchantement, et faire grandir à vue d'œil, une des plus vastes et des plus difficiles entreprises littéraires, inspirée par l'honneur de la France, protégée par la munificence royale, dirigée par des ministres éclairés et secondés par le concours de tous les hommes instruits d'une époque littéraire à jamais mémorable pour la France.

Telles furent les principales mesures ordonnées par l'ancien gouvernement de la France pour assurer la conservation, mettre en ordre et faire reconnaître les Archives nationales, afin de faciliter aussi les utiles recherches des savants français qui s'étaient déjà illustrés dans cette branche des connaissances humaines. Et parmi les plus célèbres de ces érudits, nommons surtout : Pierre Pithou (1588), André

Duchesne (1636), Paul Petau, Sirmond, de Thou, Sainte-Marthe, les frères Dupuy, dom Montfaucon, dom Bouquet, les autres bénédictins d'Achery, Mabillon, Ruinart, Martenne ; les auteurs du Gallia Christiana et du Traité de diplomatique ; les Bollandistes ; Baluze, Secousse ; enfin Fontanieux même, dont la collection de copies de pièces manuscrites relatives à l'histoire de France a bien eu aussi son utilité.

3. — LES ARCHIVES PENDANT LA RÉVOLUTION. — LEUR BRULEMENT PARTIEL.

De toutes ces prospérités littéraires, qui étaient dans leur plus grand éclat en 1786, il ne restait en 1791 que le douloureux souvenir de tant de glorieuses entreprises abandonnées, et le temps vint bien vite après où le nouveau régime gouvernemental dévasta et brûla officiellement une grande partie de ces précieux dépôts à la fois domaniaux et historiques. Il commença, il est vrai, par prescrire aux administrateurs nouveaux toutes les mesures utiles de conservation et de répartition des papiers des administrations et corporations supprimées en 1789.

Ces premières lois ou ordonnances sont des années 1789 (18 et 27 novembre), 1790 (8 janvier, 20 avril, 5 novembre), 1791 (29 septembre) ; on en trouvera le texte dans ce volume, aux pages 1 à 4. En même temps, le Gouvernement avait soin de publier des *Instructions* concernant la conservation des manuscrits, chartes, sceaux livres imprimés provenant des maisons ecclésiastiques, et faisant partie des biens nationaux. Vic d'Azir passe pour être le rédacteur de ces Instructions, mais elles portent offi-

ciellement la signature des membres du Comité d'administration des affaires ecclésiastiques et d'aliénation des domaines nationaux, et parmi eux on remarque MM. de La
Rochefoucauld, Bouteville et Dionis. Bientôt après, d'autres *Instructions* eurent pour objet « la manière d'invento-
« rier et de conserver, dans toute l'étendue de la Républi-
« que, tous les objets qui pouvaient servir aux arts, aux
« sciences et à l'enseignement ; » elles furent rédigées par
la Commission temporaire des arts (1). Les discours empha-
tiquement patriotiques et l'esprit boursouflé du temps se
reflètent bien un peu dans toutes ces Instructions ; mais les
principes de conservation et de mise en ordre, dont elles
recommandent l'application immédiate, sont encore de nos
jours d'un utile usage ; aussi, en reproduisons-nous le texte
à la fin de cette *Introduction,* et pour la partie qui concerne
les Archives seulement. (Voy. *Appendice,* pièce n° IV,
p. LVIII, et pièce n° V, p. LX.)

Cependant, dès l'année **1792** apparaissent les lois désastreuses qui prescrivent déjà le brûlement des titres féodaux. Celle du **24** juin porte :

« L'Assemblée nationale, considérant qu'il existe dans
« plusienrs dépôts publics, comme la Bibliothèque natio-
« nale, dans les greffes des chambres des comptes, dans
« les Archives des chapitres et prieurés, etc., des titres
« généalogiques qu'il serait dispendieux de conserver et
« qu'il est utile d'anéantir, décrète : Tous les titres généa-
« logiques qui se trouveront dans un dépôt public quel qu'il
« soit, *seront brûlés.*

____

(1) Ces *Instructions* sont signées : Thomas Lindet, Bouquier aîné,
Villars et Coupé de l'Oise.

« Les directoires de chaque département seront chargés
« de l'exécution du présent décret et chargeront des com-
« missaires de séparer ces papiers inutiles des titres de pro-
« priété qui pourraient être confondus avec eux dans quel-
« ques-uns de ces dépôts. »

A cette première loi, fâcheuse sous bien des rapports,
puisque les titres généalogiques sont aussi des documents
historiques souvent très-précieux pour l'histoire (1), vinrent
se joindre, pendant la même année, plusieurs autres lois
non moins funestes. Celle du 19 août ordonnait de *brûler*
comme papiers inutiles, et la loi du 3 octobre, de *vendre*
certaines pièces provenant des cours de comptes. Ces deux
textes de loi se trouvent à la page 46 de ce volume.

Quelques jours après, le Gouvernement prescrivit encore,
par une loi du 30 octobre, « aux municipalités, de
« mettre, si faire n'a été, sous la main de la nation, les
« *titres* et les biens appartenant aux citoyens absents. »
Il compléta cette nouvelle prise de possession des Archives
des familles absentes de France, par une loi du 25 novembre, relative à la vente du mobilier et des biens des émigrés, en vertu de laquelle les Archives de ces familles devaient être inventoriées et portées au district. Voici le texte
de cette dernière loi, articles 5 et 6, section II, qui seuls
intéressent nos recherches :

« Les scellés seront reconnus et levés par des commis-

---

(1) On ne peut, en effet, établir régulièrement une généalogie sans
l'appuyer sur des actes authentiques constatant les services rendus par
une famille à l'État, et ces actes renferment, parfois, des récits très-précieux d'événements notables ou d'actions mémorables ; enfin, souvent
aussi les concessions officielles de titres et dignités, mentionnent les
circonstances qui ont motivé ces faveurs.

« saires choisis ou nommés par le directoire du district, et,
« pour Paris, par ceux nommés par la direction du dépar-
« tement, en présence de deux membres ou commissaires
« de la municipalité. Lesdits commissaires en dresseront
« procès-verbal et feront un inventaire sommaire des meu-
« bles, effets, *titres et papiers* trouvés sous les scellés.

« Art. 6. Les *titres et papiers* inventoriés seront portés
« ou envoyés sur-le-champ au directoire du district, qui s'en
« chargera au bas de l'inventaire dressé par les commis-
« saires. »

Malheureusement, les événements politiques qui se succédaient fatalement en France entraînaient, dans leur marche
rapide, l'abolition de lois, dites féodales, de la monarchie, et
la *destruction* des actes, chartes et documents qui étaient les
représentants matériels de ces lois, objet de la haine popu-
laire. Le 17 juillet 1793 fut promulguée la fameuse loi qui,
tout en supprimant sans indemnité, toutes redevances ci-
devant seigneuriales et tous droits féodaux, même ceux qui
avaient été conservés par le décret du 25 août 1792, ordonnait encore de *brûler*, le jour de la *fête du* 10 *août*, tous les
titres déposés, en vertu des lois nouvelles, aux greffes des
municipalités. Nous avons reproduit une partie de l'article 7
de cette loi (p. 146), pour ce qui concernait le dépôt aux
Archives municipales de certains titres; mais voici ceux qui
ordonnent leur *brûlement :*

Art. 7. .... (Voyez p. 146) : « Les titres qui seront dé-
« posés avant le 10 août prochain *seront brûlés* ledit jour,
« en présence du conseil général de la commune et des ci-
« toyens; le surplus sera *brûlé* à l'expiration des trois mois.

« Ceux qui seront convaincus d'avoir caché, soustrait ou
« recélé des minutes ou expéditions des actes *qui doivent*

« *être brûlés* aux termes de l'article précédent, seront *con-*
« *damnés à cinq années de fer.*

« Art. 9..... Les registres, cueillerets et pièces seront
« *aussi brûlés* publiquement, à la diligence du procureur
« syndic du district.

« Art. 10. Les plans et arpentages qui peuvent donner
« des renseignements sur les propriétés territoriales seront
« déposés au secrétariat du district. »

Cette brutale mesure fut complétée par la loi du 17 septembre 1793 (1er complémentaire de l'an i), qui déclare les lois relatives aux émigrés applicables aux déportés. Elle est ainsi conçue :

« La Convention nationale décrète que les dispositions
« des lois relatives aux émigrés sont, en tous points, applica-
« bles aux déportés. »

Mais, au mois d'octobre, une nouvelle loi vint encore prescrire le brûlement d'actes anciens d'une certaine nature, que l'on avait espéré pouvoir sauver en dissimulant, sous un nom de circonstance, leur origine féodale. Les *titres mixtes* furent impitoyablement condamnés par la loi du 2 octobre (11 vendémiaire an ii) relative aux actes de concession à titre d'inféodation. Cette loi est ainsi conçue :

« La Convention nationale, après avoir entendu la lec-
« ture, faite au nom de son comité de législation, d'un pro-
« jet de déclaration contenant deux points principaux : Le
« premier consistant à séparer, dans les actes portant con-
« cession primitive de fonds à titre d'inféodation ou d'ac-
« censement, ce qui était purement foncier, d'avec les droits
« qui, sous le nom de cens et de casualité, rappelleraient le
« régime tyrannique aboli par la loi du 4 août 1789 ; — le
« second point consistant à *proroger à six mois le brûlement*

« des titres féodaux mixtes, — passe à l'ordre du jour mo-
« tivé sur la loi du 17 juillet relative aux droits féodaux. »

Il restait une dernière mesure à prendre, pour intimider les personnes qui cherchaient déjà, avec une visible activité, à sauver les plus importants documents histori- ques. On leur ordonna de reporter au district tous les titres non encore déposés, ainsi que ceux qui avaient été recueillis par leurs soins trop empressés; et pour mettre les adminis- trations de district en état de connaître toutes ces personnes, le directeur général de la liquidation devait envoyer les états nominatifs de celles qui étaient en retard de faire le dépôt de certains actes, et faire connaître les personnes qui n'avaient remis que des copies collationnées de ces actes. Enfin, on ordonna de rechercher chez les notaires et autres dépositaires publics ou particuliers, tous les renseignements propres à signaler les détenteurs des titres condamnés au feu. Les préposés de l'enregistrement devaient aussi être consultés, et *tous les autres moyens* au pouvoir des adminis- trateurs des districts pouvaient être employés afin de dres- ser un état de ces citoyens mal intentionnés, qui ne consen- taient pas à apporter volontairement leurs propres Archives pour les brûler ou les couper *au moins en douze morceaux.* Une pénalité barbare venait d'être ajoutée à toutes ces menaces et à toutes ces recherches, dignes de l'inquisition, contre ceux qui auraient simplement gardé dans leur domicile les titres demandés : la loi prononçait, ainsi que nous l'avons dit, la peine de cinq ans de fer. Nous ne reproduirons de la la loi du 9 brumaire an II, relative à la remise de ces titres, que les articles principaux et qui intéressent les Archives.

« ART. IV. Les possesseurs de dîmes de quelque nature

« qu'elles soient, et ceux des créances dont la déchéance est
« définitivement prononcée par l'article Ier, seront tenus
« de rapporter tous les titres et pièces qui constatent leur
« créance, ou possession, au directoire du district, d'ici au
« premier jour de nivôse, quatrième mois de l'année républi-
« caine (21 décembre 1793, vieux style) ; et faute de remise
« dans le délai prescrit, ils seront, dès à présent, *déclarés*
« *suspects*, et seront comme tels mis en *état d'arrestation* à
« la diligence des procureurs syndics de district ou des co-
« mités de surveillance.

    « ART. VI. Les directoires de département fourniront
« aussi, dans le même délai, aux directoires de district, les
« renseignements qu'ils pourront avoir, et la liste des per-
« sonnes qui ne leur ont produit que des copies collationnées
« postérieurement au 1er septembre 1792.

    « ART. VIII. Tous les titres et pièces mentionnés aux
« articles précédents, qui seront remis aux directoires de
« district ou qui ont été remis postérieurement à 1792,
« ... *seront coupés de suite au moins en douze morceaux et*
« *vendus* à l'enchère, par les administrateurs au pouvoir
« desquels ils se trouveront.

    « ART. IX. Le comité de législation nommera deux com-
« missaires pour surveiller la *coupure* et *la vente*, qui
« seront faites par le directeur général de la liquidation des
« titres, etc. »

    Et comment pouvaient protéger contre tant et de si nom-
breuses lois des plus funestes aux titres anciens et aux chartes
dont la lecture était impossible à des directeurs de district
créés par les circonstances, quelques ordres protecteurs en
apparence, rendus de temps à autre, et qui n'empêchaient pas
le mal de se produire dans des proportions qui effrayèrent

même ceux qui l'avaient ordonné. La loi du 12 brumaire
an II, article 8, prescrivait, il est vrai, « à la munici-
« palité de Paris de faire incessamment remettre aux deux
« sections des Archives nationales, chacune en ce qui les
« concerne, les titres, minutes et registres qu'elle avait
« fait enlever des différents dépôts; » la loi du 7 messidor
de la même année (25 juin 1794), organisait aussi un triage
des titres, qui devait réserver tous les actes *réputés néces-*
saires, et les chartes et manuscrits qui *appartenaient à l'his-*
toire, pour les faire déposer à la Bibliothèque nationale de
Paris et dans celle de chaque district; enfin, la loi du
21 ventôse an VII (11 mars 1799), prescrivait encore de
surveiller, avec soin, les registres, titres et papiers de la
conservation générale des hypothèques; mais peut-on oublier
que la commission de la Convention nationale, qui rédigea le
décret du 7 messidor an II, le plus favorable de tous aux
Archives anciennes, exprimait, dans son rapport, l'opinion
suivante :

« La commission porta ses regards sur l'immensité des
« titres et pièces manuscrites qui existent dans les dépôts
« publics... Le premier mouvement dont on se sent animé
« est de livrer tous ces titres aux flammes, et de faire dispa-
« raître jusqu'aux moindres vestiges des monuments d'un
« régime abhorré. L'intérêt public peut et doit seul mettre
« des bornes à ce zèle *estimable,* que votre commission par-
« tage, loin de songer à le refroidir. C'est pour mieux pros-
« crire ce qui nous est justement odieux, que nous provo-
« quons un examen sévère. La commission propose donc de
« ne *rien laisser subsister* de ce qui porterait l'empreinte
« honteuse de la servitude; mais de conserver les titres de

« propriété publique ou privée, et ceux qui peuvent servir
« à l'instruction (1). »

Nous terminerons ce triste exposé de toutes les lois de
destruction des Archives anciennes, en rappelant qu'à
cette époque, on ne voyait dans ces amas considérables de
parchemin et de papier, accumulés dans un grand nombre
de dépôts, qu'une ressource financière éventuelle ; les bénéfices bruts provenant de la vente au poids de ces masses
de papier et de parchemin furent, en effet, assez considérables. Enfin, l'administration de la guerre y trouva un moyen
économique de fabriquer des gargousses destinées à combattre les ennemis de la République, en faisant enlever, *par
réquisitions officielles*, des milliers de quintaux de parchemins provenant des établissements supprimés en 1790.
Nous n'en citerons qu'un exemple, et nous donnerons d'après
les pièces originales, le texte des ordres qui consacrèrent
ces actes de vandalisme. Ce n'est pas sans regret que l'on
trouve au bas des arrêtés prescrivant l'exécution formelle de
ces désastreuses opérations, les noms illustres de Carnot,
Merlin de Douai et Fourcroy.

Voici ces quatre documents :

I. *Extrait du registre des arrêtés du Comité de salut public
de la Convention nationale, du 7 frimaire an* III.

« Le Comité de salut public, sur le rapport de la com-
« mission des armes et poudres, arrête ce qui suit :
« Les parchemins, imprimés et écrits, existant dans les

---

(1) L'Agence temporaire des titres et les préposés au triage furent alors
organisés (voyez p. 9 et 10). — M. Bordier, dans son curieux volume sur
les Archives générales de l'Empire, p. 7, rapporte textuellement ce décret,
qui servit de base à l'organisation des Archives en France.

« dépôts nationaux, même ceux ayant servi de titres d'of-
« fices des droits abolis, seront remis à la commission des
« armes et poudres, pour être employés au service des ar-
« senaux, après, néanmoins, que les derniers auront été bâ-
« tonnés d'encre ou autre substance indélébile.

« La commission des revenus nationaux et celle des ar-
« mes et poudres se concerteront pour l'exécution du pré-
« sent arrêté.

> « Guyton, Merlin de Douai, Carnot, C.-K. Cochon,
> « Fourcroy, J.-F.-B. Delmas.

> « Pour copie conforme : Bochet. »

II. *Circulaire. La commission des revenus nationaux aux administrateurs des départements.*

Le .. pluviôse an III.

« Nous vous adressons, ci-joint, Citoyens, des exemplaires
« d'un arrêté du Comité de salut public de la Convention
« nationale, du 7 frimaire, qui met à la disposition de la
« commission des armes et poudres les parchemins, impri-
« més et écrits, existant dans les dépôts nationaux, même
« ceux ayant servi de titres d'offices des droits abolis, pour
« être employés au service des arsenaux, après néanmoins
« que les derniers auront été bâtonnés d'encre ou autre
« matière indélébile.

« Nous vous prions de transmettre, sur-le-champ, à cha-
« cun des districts de vos départements, un exemplaire de
« cet arrêté et de leur recommander de prendre les mesu-
« res nécessaires pour qu'il reçoive son exécution.

« Nous nous sommes concertés à cet effet, avec la com-
« mission des armes et poudres, et nous avons pensé qu'il
« suffisait que, lors de la remise des objets dont il s'agit, on
« tirât un récépissé des agents qu'elle commettra pour faire
« ces sortes de réquisitions, sans que, d'ailleurs, on nous
« en adressât des états particuliers.

« Nous vous observerons, au surplus, que la recherche
« et le choix de ces titres doivent être faits avec intelligence,
« afin de ne pas confondre ceux qui peuvent être utiles aux
« intérêts de la République ou à ceux des particuliers.

« Veuillez, Citoyens, nous accuser la réception de cette
« lettre, ainsi que des imprimés qui y sont joints, aussitôt
« qu'ils vous seront parvenus. »

III. *Le président du département de Seine-et-Marne aux*
administrateurs du district de Provins.

Melun, le 16 germinal an III.

« Le 12 pluviôse dernier, Citoyens, l'administration vous
« fit part d'un arrêté pris par le Comité de salut public, le
« 7 frimaire précédent, pour que *tout ce qui existait* de par-
« chemins inutiles dans les dépôts de la République fût mis
« à la disposition de la commission des armes et poudres,
« afin d'être employé au service des arsenaux. Elle provo-
« quait même, de votre part, des renseignements sur le
« mode d'exécution de cet arrêté, qu'elle croyait rentrer
« dans celui de la loi du 7 messidor précédent, relative au
« triage des titres, pour vous procurer ensuite les moyens
« d'aplanir les difficultés qui se présenteraient.

« Le 13 prairial dernier, elle pressa de nouveau l'accom-
« plissement de ces mesures, en vous envoyant un état des

« dimensions des parchemins propres au service urgent des
« arsenaux.

« Aujourd'hui, la commission des revenus nationaux de-
« mande aux départements quel est le fruit des opérations
« qui lui étaient confiées, et ils seraient dans l'alternative
« ou de garder, sur cette question, un silence qui serait jugé
« coupable, ou d'avouer le vôtre. Les reproches sérieux que
« vous vous attireriez, en le prolongeant, rejailliraient en
« quelque sorte sur l'administration, et elle y serait double-
« ment sensible. Prévenez-les, Citoyens ; j'annonce à la com-
« mission qu'incessamment elle recevra les détails qu'elle
« désire ; il dépend des districts de les rendre satisfaisants,
« et lorsqu'ils auront mis d'autant plus de zèle à exécuter
« l'arrêté du Comité de salut public, qu'il tend à procu-
« rer des matériaux indispensables au service de nos ar-
« mées (1).

« Salut et fraternité,

« MARICOT. »

---

(1) La fin de cette lettre est un peu confuse, mais elle est ainsi dans
l'original. — Le petit nombre de chartes échappées à ces opérations désastreuses sur les parchemins et oubliées dans les arsenaux, ont été
recueillies par M. l'inspecteur général de Stadler et renvoyées dans les
dépôts qu'elles concernaient, par ordre du Ministre de l'Intérieur. (Voy. à
ce sujet, un article de M. le comte de Laborde, dans la *Revue de Paris*,
1854.)

IV. « *État des parchemins inutiles dont le triage a été*
« *fait au district de Provins, pour l'exécution de l'arrêté*
« *du Comité de salut public du 7 frimaire an* III.

CALIBRE des pièces d'artillerie.	DIMENSION DES PARCHEMINS.		NOMBRE DES FEUILLES de parchemin.
	Longueur.	Largeur.	
De 48	24 pouces.	20 pouces.	220 feuilles.
36	22 id.	17 id.	384 id.
24	20 id.	15 id.	394 id.
16	18 id.	13 id.	454 id.
12	17 id.	12 id.	817 id.
8	16 id.	11 1/2.	588 id.
4	15 id.	10 1/2.	4,832 id.
		TOTAL..	7,689 f. et 2 gros registres.

4. LES ARCHIVES DÉPARTEMENTALES RECONSTITUÉES LÉGALEMENT (AN V - 1838.)

Malgré de si vastes désastres, il restait encore dans les
dépôts nationaux de tous les départements, des masses considérables d'Archives, que la loi du 5 brumaire an V ordonna
de réunir au chef-lieu de chaque département (Voy. p. 8).
Lorsque la France fut divisée administrativement en 86 préfectures, on apporta donc dans toutes les résidences des préfets les documents encore subsistants et dispersés dans les
dépôts des districts et des communes. En même temps, et
sans que l'on retrouve trace d'une prescription administrative positive et spéciale, le pouvoir civil étant parfaitement
séparé en France de l'autorité judiciaire, on remit naturel-
lement les papiers judiciaires aux greffes des cours et tri-

bunaux (1). (Voy. p. 44). Les papiers départementaux, relatifs aux affaires civiles, furent portés à la préfecture, et les arrêtés des consuls (p. 2, 165 et 166) prescrivirent de rendre aux maires de canton tous les actes qui pouvaient intéresser leur administration. Mais cette répartition faite déjà avec une grande confusion, en exécution de la loi du 5 brumaire an v, ne fut pas plus régulièrement opérée en 1800, lors de la formation des préfectures. Aussi, parmi les travaux ordinaires du Bureau des Archives, la révision de cette très-inexacte répartition figura-t-elle parmi les affaires qui appelèrent un examen attentif. Ce travail nécessita de fréquentes et équitables décisions. Le Rapport au Roi de 1841 disait donc avec toute raison :

« Dans les départements dont le chef-lieu possède à peine
« quelques titres antérieurs à 1790, il y a lieu d'espérer
« que des recherches attentives feront découvrir des dépôts
« inconnus, dispersés dans les localités qui les ont reçus
« primitivement. La translation de chartriers des maisons

---

(1) Il est problable, toutefois, que les articles suivants de la loi du 19 vendémiaire an iv (11 octobre 1795), sur la division du territoire de la République, le placement et l'organisation des autorités administratives et judiciaires, décidèrent officiellement cette répartition des Archives judiciaires d'un côté, et des Archives civiles et ecclésiastiques de l'autre.

En voici le texte :

La Convention nationale décrète :

Art. 33. — Le greffier du tribunal civil de chaque département se fera remettre, dans le mois de sa nomination, les registres et pièces des tribunaux de district qui se trouvent supprimés par la Constitution.

Art. 34. — Les registres et pièces des tribunaux correctionnels et juris d'accusation supprimés par la Constitution, seront portés, à la diligence du greffier sortant de fonctions, aux greffes des tribunaux correctionnels et des juris d'accusation qui vont les remplacer. Cette remise sera faite dans la décade de l'installation des nouveaux tribunaux.

« religieuses et des maisons seigneuriales aux chefs-lieux de
« district avait été opérée avec rigueur ; mais elle ne se fit
« pas des chefs-lieux de district aux chefs-lieux de départe-
« ment d'une manière exacte ou complète. Des administra-
« tions municipales retirèrent des dépôts des pièces qu'elles
« crurent pouvoir servir aux intérêts communaux. Il est
« constant que, dans les villes qui furent chefs-lieux de
« district, beaucoup de greffes de tribunaux ou de mairies
« et d'Archives de sous-préfectures renferment encore des
« masses d'anciens titres. Enfin, les arsenaux mêmes ont
« restitué, jusque dans ces derniers temps, des documents
« qui n'avaient pas été détruits. (Rapport au Roi, p. 6.)

Telle est l'origine de l'état actuel des Archives Départementales. De la loi du 5 brumaire an v date une ère nouvelle pour
les Archives en France, car elle prescrivait, en même temps,
la suspension (art. 4) de la fatale loi du 7 messidor, relative
au brûlement des titres ; et cependant, par une singulière
contradiction, cette loi du 5 brumaire (art. 6) voulait aussi
qu'il ne fût pas dérogé aux dispositions de cette même loi du
7 messidor, *quant aux Archives de la République* (voyez p. 9).

Ainsi et quoiqu'abritées du vandalisme révolutionnaire,
les Archives antérieures à 1790 eurent cependant encore
beaucoup à souffrir de la plus profonde indifférence de tous
les administrateurs de département qui se succédèrent
jusqu'en 1838. L'humidité, la vermine, les animaux rongeurs, et l'abandon dans lequel on laissait ces collections
précieuses, leur furent aussi funestes que la haine des plus
grands révolutionnaires. L'inhospitalité administrative prit
malheureusement des proportions souvent très-grandes.

A une menace de mort violente avait donc succédé, pour
les Archives, l'agonie lente, mais régulière, de l'incurie. A

peine prit-on quelques mesures pour régler les droits d'expédition et pour attribuer telle partie des produits de la
vente des papiers, dits inutiles, soit à l'État, soit au département (p. 11 à 16). L'administration centrale adressa bien,
il est vrai, aux préfets, des demandes de renseignements sur
la situation des Archives, en septembre 1807, en avril 1817
(voy. p. 28), en mai et décembre 1820 et en juillet 1829;
mais l'intérêt de l'administration centrale ne paraît pas avoir
dépassé cette banale information que l'on prend sur l'état
de la santé d'un indifférent. Et bien tard l'excès du mal
amena le remède. Dès lors aussi le goût du siècle pour les
grands travaux historiques et les vieux souvenirs commen-
çait à se réveiller très-vivement en France.

**5. EXPLORATION DES ARCHIVES DÉPARTEMENTALES. — LEUR
UTILITÉ HISTORIQUE POUR LES TRAVAUX ORDONNÉS PAR
LE GOUVERNEMENT.**

En 1833, M. Guizot, ministre de l'Instruction publique,
reprenant la tradition féconde des derniers ministres de l'ancienne monarchie, pensa à faire revivre tant et de si utiles
travaux historiques, violemment interrompus depuis 1791
(voy. p. 135). Nous avons imprimées (p. 136) deux lettres de
cet illustre Ministre, au sujet de l'organisation à adopter pour
les travaux qui devaient s'exécuter dans les départements.

Sur les vives instances de M. Guizot, les Chambres accordèrent, en 1834, une somme annuelle de 120,000 fr.,
destinée à être employée à faire rechercher et publier les
documents inédits relatifs à l'histoire de France. Ce travail devait être entrepris sur tous les points de la France,
dans toutes les collections publiques et particulières de Paris

et des départements. Un Comité fut créé, un plan de travail proposé, approuvé et soumis à la sanction du Roi ; dans un rapport qui a été depuis publié (1).

Au mois de novembre 1854, M. Guizot traçait ainsi qu'il suit le plan du travail qu'il avait adopté, après l'avoir discuté avec le Comité historique :

« Puiser à toutes les sources, dans les Archives et les « Bibliothèques de Paris et des départements, dans les col- « lections publiques et particulières ; recueillir, examiner, et « publier s'il y a lieu, tous les documents inédits impor- « tants et qui offrent un caractère historique, tels que ma- « nuscrits, chartes, diplômes, chroniques, mémoires, cor- « respondances, œuvres même de philosophie, de littéra- « ture ou d'art, pourvu qu'elles révèlent quelque face igno- « rée des mœurs et de l'état social d'une époque de notre « histoire. » Tel était le but de ces travaux, et ce même Ministre ajoutait encore : « A l'époque des troubles révolu- « tionnaires, une foule de documents, jusque-là conservés « dans les anciens monastères, dans les châteaux ou dans « les Archives des communes, ont été livrés tout à coup au « pillage et à la dévastation. Des amas de papiers et de par- « chemins, transportés dans les municipalités voisines, ont « été jetés pêle-mêle dans des greniers ou dans des salles « abandonnées ; le souvenir même s'est effacé, dans plu- « sieurs endroits, de ces translations opérées négligemment « et sans formalités. De là l'opinion généralement établie, et « devenue, pour ainsi dire, de tradition dans un grand nom-

---

(1) Voyez aussi les *Mémoires de M. Guizot;* on y lit, t. III, p. 415 : « Le dépouillement des manuscrits de la Bibliothèque Royale, confié à M. Champollion-Figeac, a donné d'importants résultats. »

« bre de départements, que tout a péri dans ces temps d'a-
« gitation. Il est certain, néanmoins, qu'on peut retrouver
« encore une partie considérable des anciennes Archives,
« notamment dans des villes d'évêché et de parlement, et
« qu'une foule de pièces importantes ont été sauvées et ren-
« dues aux villes, lorsque, plus tard, une autorité conser-
« vatrice fit déposer dans les chefs-lieux de districts les dé-
« bris des anciennes abbayes, confondus avec les chartes et
« autres monuments civils authentiques. Plusieurs pièces
« aussi furent gardées alors comme titres de propriété ou de
« droits utiles des biens qui avaient été vendus par l'auto-
« rité publique. »

Les *Instructions* du mois de décembre 1834, à MM. les
membres correspondants du Comité historique, disaient de
plus :

« Une foule de documents précieux, de pièces authenti-
« ques, originales ou en copie, étaient déposés autrefois
« dans les diverses Archives des villes, des évêchés, des
« parlements, des abbayes et congrégations religieuses.
« Dans la plupart de ces établissements, elles avaient été
« classées avec ordre, et un inventaire exact en avait été
« dressé par les soins de leurs anciens possesseurs. La ré-
« volution détruisit les établissements eux-mêmes, boule-
« versa leurs Archives, anéantit ou dispersa la plus grande
« partie des documents qu'elles contenaient ; les uns furent
« transportés confusément dans les chefs-lieux de district,
« les autres passèrent de mains en mains, exposés à toutes
« les chances d'altération que leur faisait subir l'ignorance
« ou l'esprit de spéculation.

« Je sais qu'il est fort peu de villes dont les Archives ne
« soient abandonnées au plus grand désordre ; il est cer-

« tain, néanmoins, qu'une partie considérable des anciennes
« Archives a été sauvée, et qu'à l'aide d'une investigation
« patiente et laborieuse, il sera possible encore d'en retrou-
« ver les restes.

« Cette œuvre toute libérale, si digne de la bienveillance
« du Roi pour la propagation de l'instruction publique et
« la diffusion des lumières (1), fut entreprise immédiatement
« sur plusieurs points à la fois. »

Une des principales sources à laquelle pouvaient être pui-
sés les plus nombreux matériaux des grandes publications
projetées, devait être le département des manuscrits de la
Bibliothèque Royale. Aucun autre dépôt n'était plus riche
que celui-là en matériaux pour cette sorte d'histoire qu'on
peut appeler leur contemporaine, histoire qui ne consiste pas
moins dans le souvenir des opinions que dans la relation
des faits. Le projet de dépouillement des collections manuscrites de la Bibliothèque Royale fut entrepris par suite d'un
arrêté du Ministre de l'Instruction publique du 6 novembre 1834, et la direction de ce travail fut confiée à mon
père, M. Champollion-Figeac, alors conservateur des manuscrits. Il s'agissait de dépouiller vingt mille volumes ou
portefeuilles, renfermant plus d'un million de documents (2).
C'était donc comme un immense défrichement à entreprendre et sur un terrain fort étendu, il est vrai, mais pour
lequel il suffisait d'un petit nombre d'ouvriers habiles, placés avec discernement sur les points les moins connus ou les

----

(1) *Rapport au Roi par M. Guizot*, p. 3. Voyez aussi une lettre du Roi
Louis-Philippe, à ce sujet, *Mémoires* de M. Guizot, t. III, p. 180.

(2) Chaque volume renfermant cinquante pièces seulement, on avait
un total d'un million, et presque tous ces volumes en contenaient
plus de cinquante. (Voy. la note de la page XXVII.)

plus utiles à connaître. Il devait falloir bien du temps pour réaliser ce vaste plan ; mais le temps n'est rien pour l'autorité publique. Perpétuelle de sa nature comme les intérêts qu'elle représente, elle est aussi la seule congrégation littéraire possible aujourd'hui, la seule qui ait la puissance du bien et les ressources indispensables pour l'opérer.

On créa ainsi un atelier historique, qui devint le centre de bien des recherches : quelques écrivains sérieux ont compulsé les cartes de ce dépouillement et y ont puisé de bien précieux renseignements (1). Les ministres qui succédèrent à M. Guizot ne furent pas moins favorables à cette grande entreprise littéraire. Nous citerons MM. Villemain et le comte Pelet de la Lozère. M. Cousin donna une nouvelle organisation à ces travaux en 1840, après s'être fait rendre compte en détail, par le directeur, des résultats obtenus. Il fut constaté qu'au mois de septembre 1840, 202,359 pièces avaient été analysées et plus de 3,000 recueils de pièces manuscrites dépouillés (2). Les documents antérieurs au xiiie siècle forment à eux seuls un inventaire chronologique en trois grands volumes in-folio.

M. Villemain, étant ministre, ordonna aussi la publication des volumes de *Mélanges*, qui devaient contenir un choix de documents inédits provenant de la Bibliothèque Royale, et les communications des correspondants du Co-

---

(1) Nous nous en sommes aussi servis pour notre travail ayant pour titre : *Droits et usages relatifs aux travaux de constructions publiques et privées sous la troisième race de nos rois*, et il nous a abrégé bien des recherches.

(2) Voyez la préface de M. Champollion-Figeac en tête du premier volume des *Mélanges*, dans laquelle se trouvent tous ses *rapports* aux Ministres sur les résultats des travaux exécutés sous sa direction.

mité, en ce qui concernait les dépôts d'Archives des départements.

Nous ferons connaître, dans le prochain *Annuaire*, la liste des rapports relatifs à chaque département.

Il n'était donc douteux pour personne que les Archives départementales devaient avoir une grande valeur historique, et M. le comte Duchâtel, ministre de l'Intérieur, exprimait son opinion sur l'utilité de ces documents pour les études historiques, dans les paragraphes suivants de son Rapport au Roi, en l'année 1841.

« Ces Archives tirent leur intérêt, soit de l'antiquité des
« documents, soit de leur rareté, soit enfin des détails pré-
« cieux ou nombreux qui peuvent y être recueillis. C'est
« dans les cathédrales, les collégiales et abbayes que les
« titres les plus anciens ont été conservés. En effet, jusque
« vers le xiie siècle, les maisons religieuses seules eurent
« des Archives à demeure. Mais bien que tous les actes re-
« latifs au spirituel soient renfermés dans les chartriers et
« les cartulaires religieux, ils ne forment pas la partie la
« plus importante de ces collections ; et si l'on veut bien
« envisager quel a été le rôle du clergé dans les temps an-
« ciens du moyen âge, si l'on se rappelle que les monastères
« ont été les foyers de la science au milieu de la barbarie,
« qu'ils ont reçu en propriété d'innombrables domaines avec
« toutes les prérogatives seigneuriales et politiques, qu'ils
« ont pu traiter avec les princes et avec les Rois, on appré-
« ciera quelle importance doivent offrir les Archives qui
« renferment le dépôt des monuments écrits laissés par ces
« corps puissants.

« Les titres publics s'y trouvent à côté des titres privés,
« et l'histoire civile de la société, dans les époques primi-

« tives de nos annales, n'a guère laissé de traces authen-
« tiques que les diplômes et les titres peu nombreux que
« contiennent les plus anciens chartriers ecclésiastiques.

« Mais vers le xiie siècle, après que la féodalité eût fondé
« ses châteaux, que les villes eurent commencé à conquérir
« leurs franchises, que les dynasties souveraines des pro-
« vinces se furent assises, les documents de diverses na-
« tures, relatifs au développement social s'entassèrent éga-
« lement dans les chartriers seigneuriaux, dans les Archives
« des Chambres des Comptes et des municipalités, et se
« multiplièrent rapidement par les mains des tabellions et
« sous l'influence des juridictions nouvellement organisées.

« La paléographie trouve un double intérêt d'art et de
« science dans la recherche des monuments qui remontent
« à l'antiquité la plus haute. Une grande valeur s'attache
« aux chartes et diplômes écrits avec la richesse de calli-
« graphie qui caractérise ces monuments du moyen âge,
« aux sceaux royaux ou seigneuriaux qui les accompagnent,
« enfin aux autographes des personnages illustres.

« Quant aux études proprement dites d'histoire, elles
« trouvent une grande abondance de matériaux dans l'ex-
« trême variété des pièces authentiques, depuis le diplôme
« royal jusqu'au legs fait par un serf à son seigneur, depuis
« la grande bulle jusqu'à l'assignation donnée par un curé
« de campagne au sujet de sa dîme, depuis l'ordonnance
« royale de réforme du royaume jusqu'à l'ordonnance de
« police des anciennes juridictions.

« Sous un point de vue purement local, un vif intérêt
« s'attache aux études sur la topographie et la statistique
« du moyen âge, dont les chartriers seigneuriaux et les
« Chambres des Comptes possèdent tous les éléments. L'his-

« toire architecturale des anciens monuments, qui, dans ces
« derniers temps, a donné lieu à de remarquables travaux,
« se trouve dans les papiers ecclésiastiques. Enfin, les Ar-
« chives sont en quelque sorte la collection des preuves des
« histoires locales ; elles renferment les titres authentiques
« des concessions de franchises municipales, les origines
« des institutions de l'industrie, c'est-à-dire les précieux
« matériaux dont se composera le grand recueil des monu-
« ments inédits de l'histoire du Tiers-État. Le bon ordre des
« Archives est donc pour ainsi dire l'instrument et la pré-
« paration de ces grands travaux d'intérêt national.

« Il est dans notre histoire un autre ordre de faits dont
« l'influence a été grande pour l'amélioration de l'état an-
« cien de notre pays ; je veux parler des libertés et des
« institutions provinciales, qui, peut-être un jour, devront
« avoir aussi leur monument. Les États de Languedoc, de
« Bretagne, de Bourgogne, ont une célébrité justement
« méritée, et la France aimera sans doute à retrouver dans
« leurs actes les premiers germes du régime économique,
« administratif et financier, dont l'enfantement lui a coûté
« de si longs efforts. C'est dans les Archives des États pro-
« vinciaux, première image de nos institutions repré-
« sentatives, dans celles des intendances et des assemblées
« provinciales qu'on verra se produire ces ébauches, d'a-
« bord incomplètes, puis progressivement développées, des
« cadastres et des essais de répartition proportionnelle des
« impôts, des dénombrements et des statistiques, et de la
« plupart des mesures qui ont fait avancer peu à peu la so-
« ciété française vers une régime uniforme et régulier d'ad-
« ministration : tendances et projets d'une autre époque
« qui n'a pu les réaliser qu'en faible partie et dont il est

« réservé, Sire, au règne de Votre Majesté d'agrandir
« l'exécution et de consolider les résultats.

« Conservés au milieu des régions dont ils sont les contes
« historiques, les vastes Archives des Cours des comptes se
« rattachent par une foule de relations et de motifs à l'état
« politique et civil du pays, aux lieux et aux familles, et con-
« stituent une sorte de patrimoime commun sur lequel tous les
« hommes qui s'occupent d'art, d'histoire, d'archéologie,
« d'études littéraires, font reposer l'espoir de leurs travaux
« et qu'on ne saurait enlever à leur patriotisme. D'après ce
« qui précède, on peut distinguer les Archives anciennes en
« deux classes : les unes sont des Archives provinciales, les
« autres offrent un intérêt de localité plus rétréci et ne ren-
« ferment que des titres ecclésiastiques ou féodaux.

« Les Archives des corps administratifs ne subirent pas
« en général le morcellement et la dispersion qui semblait
« être dans l'esprit de la proclamation du 20 avril 1790.
« La plupart des départements dans les circonscriptions
« desquels était comprise la ville chef-lieu de la généralité,
« ou siége des États, conservèrent les papiers qui n'offraient
« pas pour les autres départements un intérêt exclusif (1);
« ces importantes collections ne furent dispersées que dans
« le plus petit nombre, et même dans quelques-unes elles ont
« été conservées en totalité. »

---

(1) Ce même principe a été maintenu en 1854, lors de la révision de
l'ancienne répartition des Archives. Toutefois, pour les collections provenant des intendances, les titres intéressant l'ensemble de l'intendance
ou plusieurs élections et subdélégations à la fois, ont été conservés à l'ancien chef lieu de l'intendance. Les documents concernant les États provinciaux ne peuvent pas être divisés.

M. Guizot, ministre de l'Instruction publique, désirait aussi faire explorer plus spécialement les Archives Départementales, mais comme ces dépôts n'étaient point placés dans ses attributions administratives (voy. p. 135), les ordres ne pouvaient être donnés qu'en passant par l'intermédiaire d'un autre ministre. M. Guizot abandonna donc provisoirement ce projet; mais ce fut son collègue de l'Intérieur, M. le comte Duchâtel, qui se chargea de faire préalablement mettre en ordre les Archives des préfectures.

A ce moment seulement on s'aperçut que le ministre de l'Intérieur était sans action directe sur cette partie de l'administration départementale dont les dépenses n'étaient prévues dans aucun chapitre du budget général et y étaient complétement oubliées dans le budget départemental.

Une mesure législative était indispensable. Elle fut provoquée pendant la session de 1838, et la loi du 10 mai (p. 10) imposa l'obligation de loger, de conserver, de soigner les Archives et, de plus, d'entretenir un Archiviste spécialement chargé de les classer et inventorier. Rappeler toutes les mesures utiles qui furent dès lors adoptées, ce serait réimprimer les prescriptions, les instructions, les arrêtés qui tous portent la signature de M. le comte Duchâtel, ministre de l'Intérieur, et que l'on trouve dans ce volume, de la page 17 à la page 110. Ce fut, pour ainsi dire, la troisième phase de l'existence de ces documents depuis 1789, et ces trois périodes sont caractérisées : 1° par la dévastation révolutionnaire des actes anciens ; 2° par l'indifférence administrative jusqu'en 1834 ; 3°, enfin, par l'organisation régulière, la conservation et la mise en ordre de ces dépôts, dont l'administration est devenue l'objet du travail d'un bureau spécial au ministère de l'Intérieur, en 1853.

En effet, lorsque M. le comte de Persigny fut nommé ministre de l'Intérieur, l'action lente de la correspondance administrative, des circulaires, des commissions (voyez p. 135), etc., avait produit tous les résultats qu'on pouvait en attendre. Depuis l'année 1848 jusqu'en 1853, les Archivistes, abandonnés à eux-mêmes, très-peu encouragés par des administrateurs éphémères qui se succédaient rapidement dans les départements, s'abandonnèrent au découragement le plus complet et le service des Archives Départementales tomba dans une atonie générale. Alors aussi aucun élève, de l'école des chartes ne voulait accepter un emploi d'Archiviste. Mais, déjà ravivé par le décret du 4 février 1850, ce service prit réellement l'activité qu'on aurait dû toujours lui imprimer, dès que M. le comte de Persigny l'eut réorganisé complétement en instituant un bureau spécial, une inspection générale (voy. p. 131) et une Commission consultative (voy. p. 135), qui perpétua, dans de certaines mesures, les traditions de l'ancienne commission.

L'annuaire que nous nous proposons de publier, rendra ultérieurement compte des travaux exécutés par ces trois branches d'une même administration, tendant à un même but, et qui ont aussi contribué à créer des résultats assez utiles pour justifier la faveur dont elles ont été l'objet de la part des ministres. L'état des travaux exécutés dans les Archives Départementales durant la première année de l'existence de ce bureau est du reste constaté dans un rapport sur l'administration centrale adressé à l'Empereur par M. le comte de Persigny, ministre de l'Intérieur, le 20 juin 1854, et dont voici les paragraphes relatifs aux Archives Départementales :

« Outre les titres historiques rassemblés à Paris, aux

« Archives Impériales, la France possède dans les Ar-
« chives des départements une foule de documents pré-
« cieux, échappés, comme par hasard, aux désordres des
« guerres civiles et à l'anarchie de 1793, et qui sont en
« quelque sorte les titres historiques et les annales admi-
« nistratives de nos anciennes provinces.

« Pendant longtemps, ces documents sont restés enfouis
« sans ordre et soustraits aux études.

« Aujourd'hui encore, on ne possède, quant à leur en-
« semble, qu'un classement numérique très-utile pour leur
« conservation, mais qui fait désirer vivement un inven-
« taire général uniforme, propre à les faire connaître et à
« permettre de les consulter.

« Préoccupé du haut intérêt qui s'attache aux Archives
« historiques et dans le but de les favoriser, Votre Majesté
« a voulu qu'il fut institué au ministère de l'Intérieur un
« bureau des Archives Départementales et Communales,
« secondé de deux inspecteurs généraux et assisté d'une
« Commission composée d'hommes éminents dans l'admi-
« nistration et dans les lettres.

« Grâce à l'organisation de ce service, il a été possible
« de rechercher immédiatement les moyens de faire exécu-
« ter, pour toutes les Archives Départementales, des inven-
« taires uniformes, de nature à être résumés en un seul
« corps d'ouvrage, à l'aide de tables générales faciles à
« consulter.

« Aujourd'hui, Sire, les inventaires, en pleine exécution
« dans tous les départements, ont déjà constaté l'existence
« de documents aussi divers qu'intéressants et précieux.

« J'ai la satisfaction d'annoncer à Votre Majesté que, d'ici
« à un an, le ministère de l'Intérieur sera en mesure de

«-lui présenter l'inventaire général de la première série
« (actes du pouvoir souverain et du domaine royal), et de
« livrer à la publicité cette portion achevée d'un travail
« longtemps désiré et si longtemps considéré comme im-
« praticable.

« Si, grâce à la protection de Votre Majesté, ces inven-
« taires entrepris également pour les Archives des com-
« munes et pour celles des hospices, peuvent, comme je
« pense, être poursuivis avec la même activité pendant
« quelques années, Votre Majesté aura élevé à la gloire de
« la France un monument historique sans rival. »

6° UTILITÉ ADMINISTRATIVE DES ARCHIVES ANTÉRIEURES À L'ANNÉE 1790.

L'utilité administrative de ces Archives a souvent été
contestée parmi des administrateurs des temps modernes,
et leur opinion n'est heureusement pas difficile à combattre.
Pour constater combien de ressources ces dépôts peuvent
offrir à l'administration et toute l'utilité de ces documents,
il suffit de citer l'opinion si généralement établie en France
et si souvent exprimée par les savants jurisconsultes du dernier siècle (voyez l'*Appendice*, pièce n° VI,) comme par les
autres légistes des temps modernes au nombre desquels se
trouve le comte Merlin, et, l'on verra que cette opinion
d'utilité n'est pas de fraîche date en France et qu'elle y est
fortement enracinée. Un des derniers ministres du régime
parlementaire disait, dans son rapport au Roi, publié en
1841, au sujet de l'utilité de ces Archives pour les intérêts
de l'État, des communes et des particuliers :

« Il arrive fréquemment que l'autorité judiciaire résout

« des contestations par application des titres féodaux ou
« ecclésiastiques. Bien qu'en effet, la propriété, dans ses
« conditions actuelles, ait perdu la plupart des caractères
« qui constituaient la propriété ecclésiastique et la propriété
« féodale, elle se rattache, au fond, par ses origines, à l'état
« ancien des choses ; dégagée des liens divers qui deve-
« naient des priviléges, elle a dû rester soumise aux ser-
« vitudes, aux charges et aux rentes foncières qui sont in-
« hérentes à la nature même de la propriété. A cet égard,
« il n'est pas de pièce, quelle qu'en soit l'ancienneté, qui ne
« puisse servir de renseignement pour des intérêts ac-
« tuels. Ce qu'on trouve dans les actes féodaux connus sous
« les noms divers d'aveux et dénombrements, livres ter-
« riers ou censiers, reconnaissances générales et déclara-
« tions, remembrances de fiefs, registres de tenues d'as-
« sises, n'est autre chose que l'ancienne situation des
« propriétés dont on restituerait, en quelque sorte, la to-
« pographie complète si l'on pouvait réunir tous les ter-
« riers, soit des seigneuries, soit des corporations reli-
« gieuses. Ces sortes d'actes relatent presque toujours les
« titres originaux ; souvent aussi des copies authentiques y
« sont jointes, de telle sorte qu'avec les anciens plans, ils
« servent à résoudre une foule de questions principalement
« en matière de limites.

« Il est un ordre de propriétaires pour lequel, en parti-
« culier, les Archives anciennes ont une importance vi-
« vante actuelle : ce sont les communes. Leurs propriétés
« immobilières qui forment une des sources importantes de
« leurs revenus, ont, en effet, pour origines, soit des
« terres demeurées incultes dans l'enceinte des fiefs, soit
« des concessions de jouissance en commun faites aux te-

« nanciers des seigneurs, ou aux habitants les plus rappro-
« chés du manoir, soit encore les droits de pacage, de pâ-
« ture, d'usage concédés particulièrement dans les forêts ;
« enfin, des propriétés données en commun aux habitants
« d'une paroisse ou vassaux d'un fief, à raison de leur com-
« munauté ou de leur vassalité. Or, ce sont les Archives des
« anciens domaines ecclésiastiques ou seigneuriaux qui con-
« tiennent les titres concernant ces biens ou ces droits, et
« chaque jour, pour maintenir ou pour combattre les pré-
« tentions réciproques des communes et des particuliers,
« pour racheter des droits d'usage ou pour les convertir en
« cantonnements, etc., il importe que ces titres puissent
« être retrouvés.

« Le dépouillement récent des Archives de l'Oise a fait
« découvrir, dans les papiers de l'abbaye de Saint-Germer
« un titre qui, dans une contestation qu'eut à soutenir une
« commune au sujet de pâtures importantes, lui aurait,
« quelques années plus tôt, conservé ces biens qu'elle a
« perdus.

« On a encore découvert, dans ces mêmes Archives, des
« documents du xve siècle, qui paraissent être de nature à
« terminer une contestation entre la ville de Beauvais et
« quelques communes voisines, sur la possession indivise
« de vastes marais d'une grande valeur, contestation qui,
« depuis quarante ans, n'avait pu recevoir de solution faute
« de titres (1).

« Il n'est pas jusqu'aux chartes les plus anciennes, con-

---

(1) Un titre analogue, conservé aux Archives d'Indre-et-Loire, a fait
gagner aussi à la commune d'Huisme un procès important. Voyez ci-
après, p. 164.

« servées dans les Archives des chambres des comptes, ou
« des domaines, dans lesquelles on ne trouve, avec les
« franchises municipales des communes, leurs droits, soit
« de propriété, soit d'usage, et l'origine de diverses pro-
« priétés, notamment des forêts.

« A l'égard des Archives des anciens corps administra-
« tifs, particulièrement de celles des intendances, on com-
« prend aisément que leur grande analogie avec les Ar-
« chives Départementales, les rendent susceptibles d'un
« genre d'utilité analogue. Divers documents en matière de
« règlements administratifs, d'usines et de cours d'eau, ser-
« vent à résoudre des contestations. On consulte même en-
« core fréquemment des documents relatifs aux anciennes
« impositions, tels que les cadastres ou les registres d'as-
« siette des impositions et des évaluations des fonds de
« terre et de toutes natures de propriétés, qui sont pour les
« propriétaires fonciers de la plus grande utilité. — (Rap-
« port au Roi, p. 8, 9.)

« A toutes les époques, depuis la Révolution, le domaine
« de l'État a été dans la nécessité de prescrire des recher-
« ches de titres domaniaux. Ses agents ont exploré les an-
« ciens greffes des chambres des comptes, des chambres
« des domaines, des bureaux des finances, surtout les Ar-
« chives des États souverains ou grands apanages qui n'ont
« été réunis à la couronne qu'à des époques récentes.

« Ces recherches ont dû prendre un caractère d'urgence
« plus grande, lorsque, par la loi du 12 mars 1820, ont été
« déclarés propriétés incommutables entre les mains des
« possesseurs, tous domaines de l'État provenant de conces-
« sion, d'échange ou d'engagement pour lesquels la pres-
« cription n'aurait pas été interrompue dans les trente

« années à partir de la loi du 14 vendémiaire an VII. Un
« dépouillement incomplet des Archives n'a pas suffi tou-
« jours à faire découvrir les titres nécessaires à l'action
« domaniale, et plus d'une fois l'État a succombé dans ses
« prétentions, faute d'avoir pu produire des pièces sous-
« traites ou égarées.

« Quoique le terme de la prescription soit expiré, il s'en
« faut beaucoup que ces sortes d'affaires aient obtenu leur
« solution définitive, et longtemps encore il importera
« pour les intérêts de l'État que les Archives Départemen-
« tales soient pleinement acccessibles aux recherches. »

Nous terminerons ce résumé historique sur les Archives
Départementales en rappelant que l'on peut estimer, d'après
les divers renseignements de statistique réunis jusqu'à ce
jour, que les 86 dépôts d'Archives Départementales renferment au moins 141,279 volumes ou registres ; 21,216 plans ;
123,830 liasses ou cartons ; 943,361 chartes isolées antérieures au XVIe siècle et 115 atlas.

Ces collections diverses, dans leur ensemble, peuvent donc
offrir d'immenses et précieuses ressources pour nos historiens, pour les savants disciples de nos anciens bénédictins,
et d'inépuisables matériaux pour la conservation des droits
utiles ou honorifiques de l'État, des départements, des
communes et même des familles.

Ces témoins si instructifs sur les lois, les coutumes, les
mœurs et les idiomes des siècles passés, sont cependant restés bien longtemps presque inconnus, exposés à bien des
causes de destruction et inabordables à tout examen. Il n'en
sera plus ainsi à l'avenir !

Quant aux Archives Communales, celles des hospices et
aux Bibliothèques Administratives, nous avons consacré à

chacune de ces trois branches du service des Archives Départementales, une Introduction spéciale, qui retrace leur histoire et qui rappelle leur incontestable utilité publique.

Il nous sera toutefois permis d'exprimer un regret, et beaucoup de personnes le partageront, sans doute, c'est que les dépôts d'Archives des établissements hospitaliers de Paris soient les seuls qui échappent aux règles administratives que l'on trouve ci-après reproduites, p. 263. Et aujourd'hui encore ces Archives ne sont ni classées, ni inventoriées. Et il en est de même des Archives des mairies de Paris et du département de la Seine. Peut-être le temps viendra-t-il aussi un jour pour ces dépôts; mais il serait à désirer qu'il vienne avant que le désordre ne les ait fait périr en grande partie.

Enfin, les papiers modernes ont eu aussi leur mention dans ce résumé historique sur les Archives Départementales, toutefois moins étendu, les faits étant plus faciles à constater (voy. à la p. 62 de ce volume). Ajoutons, qu'une circulaire nouvelle relative au classement à vérifier des documents relatifs aux *Domaines nationaux* (série Q), n'a pu être comprise dans ce *Manuel,* et que nous le donnerons dans l'*Annuaire* de 1861.

7° DU MANUEL DES ARCHIVES.

Avant de terminer cette Introduction historique déjà fort longue, nous devons dire quelques mots de la présente publication du *Manuel de l'Archiviste*, du plan, de l'utilité, du but de cet ouvrage.

Ce *Manuel* se divise en cinq parties. Le Recueil des lois et instructions qui régissent les Archives Départementales, pu-

blié par le ministère de l'Intérieur, cette année même (1), a
servi de base à notre travail. Après avoir collationné les

---

(1) Ce Recueil a été adressé à tous les préfets et aux Archivistes départementaux en même temps que la lettre suivante :

Paris, le   juillet 1860.

Monsieur le Préfet, j'ai l'honneur de vous adresser ci-inclus deux exemplaires du Recueil des lois et instructions concernant le service des Archives
Départementales, Communales, et Hospitalières, et celui des Bibliothèques
Administratives des préfectures et sous-préfectures. L'un de ces exemplaires
est destiné à la bibliothèque de votre cabinet, l'autre devra être remis sur
récépissé à M. l'Archiviste départemental, qui aura soin de le faire *estampil-
ler* immédiatement et de l'inscrire en tête de ses inventaires, de manière
à ce qu'il soit exactement représenté à chaque récolement ultérieur, en
cas de mutation. Vous trouverez sous ce pli, une formule de récépissé
que je vous prie de me renvoyer exactement lorsqu'elle aura été remplie
et signée par M. l'Archiviste de votre préfecture.

Recevez, Monsieur le Préfet, etc.

Pour le Ministre et par autorisation :

Le Conseiller d'Etat Secrétaire général,

J. CORNUAU.

Récépissé du Recueil des instructions.

Je, soussigné,
Archiviste du département d
ai reçu de Monsieur le Préfet, le
un exemplaire du Recueil des lois et instructions concernant les Archives
Départementales, Communales et Hospitalières et les Bibliothèques Administratives. Je certifie, de plus, que cet exemplaire a été immédiatement
estampillé et qu'il figure aux inventaires du dépôt qui m'est confié, en
tête des collections départementales, pour être réprésenté exactement lors
de tout récolement ultérieur.

A   le

L'Archiviste du Département

d

textes sur le Bulletin des lois, nous avons cru devoir ajouter au Recueil officiel, pour la partie des Archives Départementales :

1° La loi du 10 mai 1838 qui ne se trouve pas dans ce Recueil, cette loi, avec celle du 5 brumaire an v, étant les deux textes constitutifs des Archives Départementales;

2° Les articles des diverses lois et ordonnances *visés* dans les circulaires et qui n'ont pas été reproduits non plus dans le Recueil officiel, ces articles ainsi rapprochés des recommandations adressées aux Archivistes par les circulaires pouvaient, dans bien des circonstances, éclairer de certaines obscurités qui embarrassent, parfois, l'Archiviste nouvellement entré dans la carrière;

3° Nous avons inséré aussi dans ce *Manuel* tous les renseignements à notre connaissance personnelle et résultant de notre longue expérience pratique des chartes, manuscrits et archives, et qui nous ont paru devoir faciliter les travaux de classement, d'inventaire, ainsi que l'exécution du règlement général de 1843. Pour les inventaires, en effet, il ne suffit pas de les bien faire, il faut encore qu'ils soient rédigés dans les formes voulues, afin que cette œuvre, qui s'exécute simultanément dans les 86 départements, conserve partout sa même physionomie et puisse former un ensemble régulier et conforme aux prescriptions administratives, si l'on veut un jour le publier.

4° On trouvera également dans ce *Manuel* quelques circulaires de circonstance, relatives à des travaux spéciaux demandés aux Archivistes soit par le ministre de l'Intérieur, soit par ses collègues, nouveau témoignage irrécusable des services que peuvent rendre ces riches collections départementales.

Enfin, nous avons résumé dans quelques lignes ce qui concerne l'inspection générale et les travaux des Commissions consultatives des Archives Départementales.

Archives Communales. Les lois des 8 pluviôse an II, 18 juillet 1837, 10 décembre 1850; les arrêtés des consuls des 17 ventôse et 19 floréal an VIII; les décrets et ordonnances des 12 juillet 1807, 14 septembre 1822 et 31 mai 1838, régissent les Archives municipales ou imposent certaines obligations relatives à leur administration. Nous les avons reproduits, puisque ces textes ne sont pas non plus dans le Recueil officiel. Les circulaires et instructions sont également accompagnées de commentaires relatifs à leur exécution et à la rédaction des inventaires. En tête se trouve un précis historique sur l'origine et l'état actuel de ces dépôts (1).

Archives des établissements hospitaliers. Quelques additions nous ont paru devoir être faites au Recueil officiel, entre autres : la loi du 9 prairial an V, les arrêtés du 19 vendémiaire an XII, du 24 septembre 1841, une décision du ministre du 5 novembre 1828, enfin la circulaire du 31 janvier 1840.

Le plan qui a été suivi pour cette troisième partie de

---

(1) Dans cette *Introduction*, nous n'avons pas cru devoir remonter au delà de la constitution de ces Archives sous le pouvoir central monarchique : rappeler ce qu'avaient fait les communes lors de leur indépendance de la royauté pour constituer leurs Archives, nous aurait entraîné à trop de développements. Nous avons, du reste, déjà rappelé quelques articles des chartes de communes, relatifs aux Archives, dans notre volume publié en 1860 sur les *Droits et usages relatifs aux travaux de construction publics et privés*. D'autres plumes savantes et illustres ont consacré aux communes de bien importants travaux.

nôtre travail est le même que celui déjà adopté pour les deux
autres : introductions historiques, textes et commentaires,
renseignements administratifs et instructions relatives à la
rédaction des inventaires : nous nous sommes inspirés des
bons modèles en ce genre de publication, il suffira de rappeler le savant et utile travail de **M.** le baron de Watteville,
inspecteur général des établissements charitables, dont les
louables intentions sont exposées dans une remarquable
préface dont voici un fragment :

« La publication d'un recueil complet de notre législation
« charitable était chose nécessaire : l'autorité supérieure
« ne donne communication de ses actes qu'aux seuls préfets,
« en leur laissant le soin d'en répandre la connaissance ; il
« résulte de là que, fort souvent, les instructions ne parvien-
« nent pas à ceux à qui elles étaient destinées, et dès lors,
« il était à peu près impossible aux hommes qui consacrent
« leur temps à la gestion du bien des pauvres de connaître
« parfaitement les lois et instructions qui régissent la matière.
« Aussi, ne vous étonnez pas si les abus, si les désordres
« s'introduisent dans l'administration, malgré les nobles
« pensées et les généreuses intentions des administrateurs.

« Le désir de faciliter à des hommes honorables leur belle
« mais pénible tâche, la conviction profonde que de la con-
« naissance et de l'exécution littérale des lois devait résulter
« une amélioration sensible dans le sort des pauvres, telles
« sont les considérations qui nous ont fait entreprendre le
« travail que nous publions aujourd'hui.

« On doit le reconnaître, l'autorité en créant des formes
« positives et multipliées pour toutes les parties de l'admi-
« nistration, s'est montrée protectrice, intelligente et éclairée
« de la fortune des pauvres : ces formes sont donc utiles,

« et les négliger serait s'exposer à perdre toute la sécurité
« qu'elles assurent à une bonne gestion. Mais encore une
« fois, pour respecter ces lois, ces formes protectrices, il
« faut les connaître, savoir où les trouver au besoin. Sera-
« ce dans les recueils immenses et généraux, où elles sont
« en quelque sorte enfermées et perdues? Et encore, n'au-
« rait-on pas dans ces recueils les instructions et circulaires
« des ministres de l'Intérieur et des Finances, les arrêts de
« la Cour des comptes, les avis du Conseil d'État, etc. »

Ces considérations nous ont dirigé, en publiant un *Manuel
de l'Archiviste;* heureux si nos efforts et notre travail ont pu
répondre à la tâche que nous nous sommes donnée et
qu'une longue expérience nous a fait espérer de pouvoir
accomplir.

BIBLIOTHÈQUES ADMINISTRATIVES. Dès les années 1789
(6 novembre), 1790 (5 novembre) et le 26 fructidor an II,
les nouveaux gouvernants ordonnèrent de recueillir, au
chef-lieu des départements, après en avoir envoyé récépissé,
un certain nombre de pièces administratives imprimées,
dont quelques-unes portaient même la signature du ministre
de la justice. Ces règles nous ont paru constituer la base
des Bibliothèques Administratives, puisque, lors de la création de ces Bibliothèques, l'autorité centrale prescrivit, par
des circulaires spéciales (voy. p. 301), de cataloguer toutes
ces pièces parmi celles qui devaient former ces Bibliothèques nouvelles. Nous avons donc dû reproduire le texte de
ces règles dans notre *Manuel* (quatrième partie, Législation
p. 293), ainsi que les circulaires contenant des éclaircisse-
ments nécessaires pour l'exécution de ces prescriptions.

Enfin, par l'étude d'une foule de questions qui surgissent
à la lecture de tant de textes officiels, tous d'origine si di-

verse, et de la recherche des renseignements qui pouvaient présenter une solution légale à ces difficultés, nous avons été amenés à reconnaître que la législation de certaines parties du service des Archives n'est pas encore établie, ou bien qu'elle peut donner lieu à des améliorations faciles à réaliser. De ce nombre sont les affaires suivantes :

1° Papiers des sous-préfectures.

2° Archives des greffes des cours et tribunaux, dont la plus grande partie devrait être rendue aux dépôts départementaux, afin de les sauver d'une destruction imminente.

3° Les registres et minutes des notaires antérieurs à 1750, dont la dispersion et l'abandon sont des plus fâcheux, et qui devraient former un dépôt officiel par département, ainsi que cela se pratiquait autrefois en France, et encore de nos jours dans le duché de Toscane. Remarquons à cette occasion qu'un décret impérial de 1812 avait consacré cette utile institution à Florence. (Voy. Merlin, *Recueil de législation*, article ARCHIVES, et à l'*Appendice*, pièce n° VIII, p. LXXII.)

4° Les Archives remises irrégulièrement à certains évêchés, et dont la conservation et le classement devraient être soumis à des règles précises, conformes à celles qui concernent les Archives Départementales d'où elles ont été tirées, et dont elles peuvent encore être considérées comme une dépendance légale.

5° Les fabriques et les papiers antérieurs à 1790 que la loi les a autorisées de conserver, à condition d'un récolement annuel qui ne s'effectue jamais.

6° L'extension régulière et uniforme du cadre moderne de classement en raison des institutions nouvelles, à Paris et dans les départements, et des grandes entreprises patronées ou surveillées par l'État.

ARCHIVISTE.   *d*

7° Enfin, la question du personnel des Archives, et de quelques mesures réglementaires du service intérieur mal exécutées, et qu'il serait utile de voir plus efficaces

8. DE L'ANNUAIRE DE L'ARCHIVISTE.

L'ANNUAIRE DE 1860 forme la cinquième partie du *Manuel*. Il est destiné, par ses futures publications, à tenir les Archivistes au courant de toutes les circulaires et décisions qui seront ultérieurement publiées. On y trouvera l'état du personnel des Archivistes, les délibérations des conseils généraux et des conseils d'arrondissements relatives au service des Archives, les décisions et précédents administratifs qui pourront être publiés, les nouvelles circulaires relatives aux quatre branches de ce service (1), enfin, successivement, des *Notices* sur chaque dépôt d'Archives Départementales, Communales, des hospices, ainsi que sur les principales Bibliothèques Administratives des préfectures, dont quelques-unes renferment de grandes raretés bibliographiques.

Nous avons réservé pour un autre temps une question qui doit être étudiée dans toutes ses phases les plus compliquées, celle de la publication des inventaires sommaires qui se rédigent dans ce moment. On pourrait, ce nous semble, en faire profiter le public utilement et très-promptement, si le ministre décidait que ces inventaires seront publiés par *séries*, selon les divisions du cadre de classement de 1841, et

---

(1) Nous donnerons entre autres la circulaire relative aux Archives des domaines nationaux (série Q), celle qui concerne les documents anciens relatifs aux domaines des hospices, et diverses circulaires du ministre des finances applicables aux Archives des communes et des hospices.

en réunissant dans un même volume les inventaires de tous les départements relatifs aux mêmes établissements supprimés en 1790. Ce Recueil offrirait aux érudits, aux patients historiens de notre vieille législation, aux annales générales et locales, à la solution de bien des difficultés (1), bien des notions désirées, et de plus bien mémorables et à mettre en lumière. L'utilité de cette publication n'est contestée par personne, et elle honorerait le ministre qui y attacherait son nom ; les soins de son exécution ne sont pas sérieux, pas plus que ne peut être embarrassante une dépense publique annuelle de six ou huit mille francs. Une condition nous paraît indispensable pour l'ensemble de cette œuvre, c'est qu'elle soit exécutée à Paris, sous une direction unique, et qu'elle ne soit pas confiée à la fantaisie, quelque réglementée qu'elle puisse l'être, d'une publication étrangère et isolée.

Si le catalogue des livres de la Bibliothèque impériale offre de si vastes ressources à l'érudition, que ne doit-on pas attendre de la publication d'un *Inventaire des Archives Départementales*, presque généralement inconnues de tout le monde.

L'esprit du siècle est sérieux, empressé de recherches solides sur les temps passés ; l'amour du nouveau le porte même à fouiller dans les vieux documents : les notions inexplorées abondent encore, il ne manque que des guides pour y chercher avec fruit. Ce Recueil y aidera peut-être, et cet espoir a soutenu le zèle qui nous l'a fait entreprendre.

---

(1) Nous y avons puisé un grand nombre de faits pour notre volume intitulé : *Droits et usages relatifs aux travaux de construction publics et privés*. Paris, Leleux, 1860, in-8°.

APPENDICE A L'INTRODUCTION.

I. ÉDIT DU ROI LOUIS .XIV, DU MOIS DE JANVIER 1708, PORTANT CRÉA-
TION D'OFFICES DE GARDES DES ARCHIVES. (Voy. p. III.)

Louis, par la grâce de Dieu, etc. L'établissement que nous avons
fait en notre châtelet de Paris, par édit du mois de janvier 1707,
d'une chambre ou dépôt pour y conserver et déposer les registres,
titres et actes concernant cette juridiction, et d'un office de notre
conseiller garde et dépositaire desdits registres, nous a paru si
avantageux au public, que nous avons estimé à propos de faire le
même établissement pour nos parlements, cours supérieures, bureaux des finances et pour les juridictions ressortissant nûment en
nos cours, étant très-important que les titres et actes concernant
l'administration de la justice soient conservés avec exactitude, afin
que nos officiers puissent y avoir recouis, quand il sera nécessaire,
pour l'observation des règlements.

A ces causes et autres à ce nous mouvant, de notre certaine
science, pleine puissance et autorité royale, nous avons, par notre
présent édit perpétuel et irrévocable, dit, statué et ordonné, disons,
statuons et ordonnons, voulons à notre plaisir qu'il soit incessamment établi pour notre parlement, chambre des comptes, cours des
aides et des monnoies, requêtes de notre hôtel et du palais, bureau
des finances, présidiaux, bailliages, sénéchaussées et autres siéges
ressortissant nûment en notre cour, dans toute l'étendue de notre
royaume, pays, terres et seigneuries de notre obéissance, un dépôt
où seront gardés et conservés les registres, titres, actes et enseignements qui pourront concerner la connaissance des ordonnances
et règlements qui ont été ci-devant faits, ou le seront ci-après;
voulons que les anciens registres sur lesquels sont registrés nos
édits, déclarations, ordonnances et règlements, les aveux, dénombrement et autres expéditions de nos dites cours et siéges, soit
qu'elles soient sur des registres ou en feuilles, en quelque sorte et

manière que ce puisse être , sans aucune exception que des arrêts et sentences qui sont rendus pour le cours de la justice ordinaire, civile ou criminelle, soient portés audit dépôt pour y être gardés et conservés.

Il sera tenu , à l'avenir, audit dépôt, des registres pour y être faits les enregistrements nécessaires, et lesdits registres seront tenus et conservés par les officiers ci-après créés. Il sera pareillement tenu et conservé audit dépôt un registre pour registrer sur icelui, par extrait, les quittances de finances, provisions, arrêts ou sentences de réception de toutes sortes d'officiers, qui seront reçus dans lesdites cours et siéges après l'enregistrement du présent édit, soit à l'audience ou à la chambre du conseil, ou de telle autre manière que ce puisse être et sans aucune exception. Et pour conserver lesdits registres, titres et enseignements, nous avons, du même pouvoir et autorité que dessus, créé et érigé, créons et érigeons par le présent édit, en titre d'office formé et héréditaire, ancien, alternatif et triennal, savoir : quatre offices de nos conseillers gardes et dépositaires des Archives de notre parlement, cour des aides et des monnoies, bureau des finances et autres juridictions de l'enclos de notre palais à Paris, un en notre chambre des comptes de Paris, un au grand conseil, un en chacun de nos autres parlements et en chacune chambre des comptes, cours des aides et bureaux des finances ; un en chacun présidial, sénéchaussée, bailliages et autres siége et justice ressortissant nûment en nos cours, dans toute l'étendue de notre royaume, pays, terres et seigneuries de notre obéissance.

Jouiront les pourvus desdits offices dans nos parlements, grand conseil et cours supérieures, et leurs enfants nés et à naître en légitime mariage, des mêmes titres de noblesse, priviléges et immunités dont jouissent les secrétaires de notre couronne et de nos maison et finances créés dans notre grande chancellerie, lesquels titres de noblesse , priviléges et exemptions nous leur avons attribués et concédés, attribuons et concédons par notre présent édit; et ceux qui sont établis dans nos présidiaux ou autres siéges relevant nûment en nos cours, jouiront des mêmes et semblables priviléges et exemptions dont jouissent les autres officiers des siéges où ils seront établis, sans aucune différence ni distinction; les pourvus desdits offices dans nos cours et siéges seront du corps des officiers de nos dits parlements, cours et siéges près lesquels ils seront établis, et marcheront dans les assemblées et cérémonies devant les premiers juges, comme le greffier en chef de notre parlement dans les assemblées ou cérémonies publiques.

Sera payé auxdits officiers dans nos cours , pour l'enregistrement de chacune provision et arrêt de réception d'office de président ou conseiller desdites cours, vingt livres ; pour chacun office de judicature des siéges y ressortissants, dix livres ; pour chacun office de police ou finance, six livres ; et pour chacune matricule d'avocat, office de greffier, procureur, notaire, huissier, sergent et autres, trois livres ; et moitié desdits droits dans les autres siéges, sans que ces officiers puissent jouir de ces émoluments, gages et droits attribués à leurs offices, qu'ils n'aient fait faire ledit enregistrement de leurs provisions et titres de leurs dits offices, et payé lesdits droits d'enregistrement. Ceux qui seront pourvus desdits offices délivreront les extraits ou expéditions de leur registres, signés et en forme, sans être obligés de se servir du ministère du greffier en chef, et ils seront payés de leur droit d'expédition, par rôle, sur le pied de ce qui est réglé pour les expéditions des greffes des cours et siéges; et, en outre, de trois livres pour le droit de recherche sur les registres lorsque l'on ne leur cotera pas le mois, ni l'année, et trente sols lorsqu'on le leur cotera ; lesquels droits nous leur avons attribués et attribuons, ensemble un sol pour livre du montant de tous les dépens, salaires et vacations, frais et mises, frais ordinaires et extraordinaires de criées, et généralement de tous les autres frais et dépens, dommages et intérêts, soit qu'ils soient adjugés par arrêt, payement, appointement ou autrement, tant en matière civile que criminelle, et en aucune sorte et manière que ce puisse être, etc.... Jouiront, en outre, ceux près nos cours, d'un minot de sel et franc-salé ; et ceux des siéges d'un demi-minot, dont nous ferons le fonds dans nos états de gabelle... Tous lesdits offices pourront être possédés dans nos dites cours, sans incompatibilité avec toutes sortes d'offices ne dérogeant point à noblesse.... Permettons à ceux qui voudront acquérir lesdits offices d'emprunter les sommes nécessaires pour en payer la finance et d'affecter et hypothéquer, pour sûreté dudit emprunt, lesdits offices et droits y attribués..... N'entendons rien changer ni innover à notre édit du mois de janvier mil sept cent et sept, en ce qui concerne les attributions, gages et droits et priviléges que nous avons accordés au garde des bannières de notre châtelet de Paris, créé par icelui, dans lesquels nous l'avons, en tant que besoin est ou serait, confirmé par le présent édit ; voulons et nous plaît qu'il porte à l'avenir le titre de garde des archives de notre châtelet; qu'il soit en tout semblable à ceux créés par notre présent édit, de même que s'il en faisait partie, etc. Si donnons en mandement, etc. Donné à Versailles, au mois de janvier l'an de grâce mil sept cent huit, et de notre règne le soixante-cinquième.

Louis.

Par le Roi : Phélypeaux.

II.—Arrêt du conseil d'état du roi, du 26 février 1743, qui ordonné que le récolement des titres , papiers et autres actes, étant au greffe et dans les archives des villes et communautés du royaume, sera fait annuellement ; fait défense auxdites villes et communautés de plus commettre, a l'avenir, aucuns secrétaires et greffiers, sous quelque dénomination que ce soit (voy. p. iii). (*Extrait des registres du conseil d'État.*)

Le Roi, s'étant fait représenter , en son conseil, les édits des mois de juillet 1690 et mars 1709, portant création des offices de secrétaires greffiers, anciens et alternatifs des Hôtels de Villes et communautés de son royaume, par lequel il est, entre autres choses, ordonné que le récolement des titres , papiers, enseignements et autres actes, étant au greffe et dans les Archives des villes et communautés, sera fait annuellement sur l'inventaire d'iceux, qui sera remis avec la clef des Archives par le secrétaire greffier sortant d'exercice à celui qui y entrera, et qui s'en chargera sur le registre des délibérations de l'Hôtel de Ville, pour y avoir recours quand besoin sera. Sa Majesté aurait, en conséquence, fait défence auxdites villes et communautés de plus commettre, à l'avenir, aucun greffier et secrétaire et auxdits greffiers et secrétaires commis par lesdites villes et communautés, de ne se plus immiscer dans aucune fonctions des greffiers titulaires, à peine de faux et de cinq cents livres d'amende.

Et Sa Majesté étant informée qu'au préjudice de ces dispositions, plusieurs villes et communautés de son royaume, et nommément celles de la Provence, continuent de commettre des greffiers particuliers, sous les titres d'Archivistes et autres dénominations, auxquels elles remettent la clef de leurs Archives et le soin de leurs anciens titres , papiers et enseignements, pour raison de quoi elles leur payent des gages, et cela sous prétexte que les greffiers en titres d'office, établis par Sa Majesté , ne doivent avoir en leur possession que les registres des délibérations , les baux des fermes, les cadastres et autres papiers courants qui doivent être journellement sous la main d'un greffier : à quoi étant nécessaire de pourvoir, ouï le rapport du sieur Orry, conseiller d'État ordinaire et au conseil royal, contrôleur général des finances, le Roi, étant en son conseil, a ordonné et ordonne que les édits des mois de juillet 1690 et mars 1709 seront exécutés selon leur forme et teneur, et, en conséquence, que le *récolement* des titres , papiers, enseignements et autres actes étant au greffe et dans les Archives des villes et communautés *sera fait annuellement sur l'inventaire* d'iceux, dont un double demeurera entre les mains du maire et l'autre en celles du secrétaire greffier titulaire entrant en exercice , créé par édit du mois de novembre 1733 , qui s'en chargera sur le registre des délibérations, pour y avoir recours quand besoin sera.

Ordonne, en outre, Sa Majesté qu'il y aura deux clefs différentes
desdites Archives, l'une desquelles demeurera entre les mains du
maire et l'autre sera remise en celles du secrétaire greffier titulaire
en exercice. Fait Sa Majesté défense auxdites villes et communautés
de plus commettre, à l'avenir, aucun secrétaire et greffier sous le
titre d'Archiviste, ou sous quelqu'autre dénomination que ce puisse
être. Fait pareillement Sa Majesté défense aux greffiers-secrétaires
commis par lesdites villes et communautés, de se plus immiscer à
en faire les fonctions, à peine de faux et de cinq cents livres d'a-
mende pour chacune contravention. Enjoint Sa Majesté aux sieurs
intendants et commissaires départis dans les provinces et générali-
tés du royaume de tenir la main à l'exécution du présent arrêt,
lequel sera exécuté nonobstant opposition ou empêchement quelcon-
ques, dont si aucunes interviennent Sa Majesté s'est réservé et à son
conseil la connaissance et icelle interdit à toutes ses cours et autres
juges.

Fait au conseil d'État du Roi, Sa Majesté y étant, tenu à Versailles
le vingt-six février mil sept cent quarante-trois.

PHÉLYPEAUX.

III. — PLAN D'ÉTUDES POUR LA CONGRÉGATION DE SAINT-MAUR. (*Extrait
concernant les Archivistes et les Bibliothécaires*, voy. p. VIII.)

Inutilement nous aurions formé la jeunesse aux études, pendant
l'espace de huit ou dix ans, si nous lui laissions apercevoir la considération, l'aisance, les égards et les distinctions à la suite de l'oisiveté et de l'inutilité. Elle suivra bientôt le torrent. Il faut donc qu'à
la place de la dissipation et des autres travers enfantés par le désœu-
vrement, elle ne trouve, dans les monastères où on fixera sa résidence, que religion, décence, ordre, régularité et amour pour l'é-
tude. La plupart de nos cartulaires sont dans une confusion qui ne
fait nul honneur à personne. Les Bibliothèques ont été négligées.
Les monuments respectables de l'antiquité n'ont été que trop souvent brisés et enfouis.

Pour rétablir les choses dans l'ordre convenable, nous estimons
que, dans chaque monastère, il sera nommé, à l'avenir, un Archiviste, un Bibliothécaire; un historiographe et un écolâtre; il est tel
monastère dans lequel deux de ces offices pourront être confiés aux
mêmes religieux : ceci sera remis à la discrétion du supérieur local.

ARCHIVISTE.

1° Il s'occupera du soin de sauver de la poussière tous les titres
du monastère ; il classera chacun d'eux par ordre de seigneurie et

de canton ; il fera de ces titres deux inventaires : le premier contiendra l'intitulé, l'âge du titre ; le second sera un extrait du contenu dans chacun de ces titres pour ce qui concerne les biens du monastère ; il mettra dans un troisième cahier ses notes sur les parties du titre relatives à l'histoire et aux mœurs du temps. Il est, à cet égard, des morceaux très-curieux qui seront accueillis avec avidité par ceux qui travaillent aux histoires des provinces. Il ne manquera pas de faire part de ses découvertes à ceux qui travaillent à l'histoire de la province ; il ne prêtera aucun titre à qui que ce soit, sans la permission du supérieur local, et, dans ce cas, il ne le donnera que sous récépissé, et il sera fait mention dans ledit récépissé de la permission accordée par le supérieur local.

2° Lors de la visite, il fera un relevé de toutes ses notes et observations historiques, qu'il signera et remettra au visiteur de la province. Cette copie sera remise par le visiteur au *Bureau littéraire.* On voit que, par ce moyen, les sujets utiles sont connus et que le régime, sur les observations et représentations du bureau, ne donnera rien au hasard dans la destination qu'il fera des sujets de la congrégation. Il conviendrait qu'aucun religieux ne fût nommé procureur, à moins qu'il n'ait exercé les fonctions d'Archiviste dans quelque monastère, pendant l'espace de quatre ou cinq ans.

BIBLIOTHÉCAIRE.

1° Le Bibliothécaire rangera les livres, par ordre de matière, sur des tablettes destinées à cet usage ; il en dressera, s'il est possible, un catalogue raisonné. Cet ouvrage a déjà été commencé dans plusieurs de nos Bibliothèques ; il pourra profiter de ce qui a été fait. Au prorata des facultés de chaque monastère, il sera fixé par le prieur et les sénieurs une somme annuelle pour l'entretien de la Bibliothèque ; cette somme ne pourra être employée à d'autres usages, si ce n'est dans des cas extraordinaires. Le Bibliothécaire l'emploiera spécialement à l'acquisition des ouvrages analogues aux études en usage dans le monastère et dans la congrégation ; et pour justifier sa fidélité dans l'emploi de ces deniers, il portera son registre de recettes et de dépenses lors de la reddition des comptes. Ledit registre sera visé par le supérieur et les sénieurs, et signé d'eux. Le Bibliothécaire se conformera aux avis et aux ordres qui pourront lui être donnés par le supérieur.

2° Il tiendra une liste exacte de tous les livres du monastère, tant de ceux qui seraient dans les chambres des religieux que de ceux qu'il aurait prêtés sous récépissé et avec la permission du supérieur local. Il usera d'une très-grande réserve dans la communication des *livres suspects ou dangereux ;* il les tiendra renfermés sous une clef particulière. Nous croyons qu'il ne doit prêter aucun livre aux étudiants, ce soin doit être remis au supérieur local et aux professeurs.

HISTORIOGRAPHE ET CHRONIQUEUR.

1° Il sera chargé de transcrire sur un registre tous les faits mémorables arrivés dans le monastère, et ce en français. Ce registre sera visé et signé par le supérieur et les sénieurs.

2° Dans un autre registre, il tiendra une note des monuments anciens qui se trouvent dans le monastère et dans les environs ; il figurera ces monuments de son mieux ; il joindra à la figure ses observations critiques et historiques ; il n'oubliera pas même les traditions fabuleuses, s'il en subsiste dans le pays ; il ne bornera point ses recherches aux anciens monuments ; il les appliquera aussi aux lois féodales et à l'histoire naturelle du pays. Dans l'acte de visite, il donnera une copie des observations au visiteur de la province, laquelle copie sera signée de lui, pour ensuite être remise au bureau littéraire par le visiteur.

(Préface des *Lettres des Rois, Reines*, etc., publiées par M. Champollion-Figeac, p. LXIV, Collection des documents inédits.)

IV. — INSTRUCTIONS CONCERNANT LA CONSERVATION DES ARCHIVES
(15 DÉCEMBRE 1790. Voy. p. XI).

Parmi les effets mobiliers des établissements ecclésiastiques, dont les biens font partie des domaines nationaux, il se trouve une infinité de monuments qui intéressent les lettres, les sciences et les arts ; pour les conserver, il est nécessaire d'en prévenir la dispersion et d'en empêcher le dépérissement. L'Assemblée nationale a déjà pourvu au premier de ces moyens, en décrétant que les scellés seraient apposés sur les maisons ecclésiastiques supprimées. Il est à désirer que les municipalités mettent la plus grande célérité dans l'exécution de ce décret, et qu'elles n'omettent aucun des lieux de leurs territoires respectifs qui recèlent quelques-uns des monuments dont il s'agit.

Mais avant tout il convient d'indiquer les objets que l'on doit conserver, et les moyens de les garantir des accidents qui pourraient les endommager, soit avant, soit après l'apposition des scellés. C'est le but de cette Instruction, dans laquelle on se bornera aux moyens généraux, parce que MM. les administrateurs de chaque département suppléeront aisément à ceux qui dépendront des circonstances, et qu'on n'a pu prévoir.

On sait que les manuscrits sont des livres écrits à la main ; les pièces particulières comprises sous le nom général d'*actes* ou de *titres* s'appellent *chartes* lorsqu'elles sont antérieures à l'an 1500. Nous entendons par le mot de *sceaux* l'empreinte dont les actes sont quelquefois munis. Cette empreinte est communément sur cire ;

quelquefois plaquée sur l'acte même; quelquefois suspendue. Parmi les sceaux suspendus, il s'en trouve aussi sur métal, tels que les sceaux des papes, qui sont sur plomb. On nomme également *sceau*, l'instrument qui sert à former les empreintes : nous ne parlerons point ici des sceaux pris dans cette acception, ils appartiennent à la classe des anneaux, cachets, etc.

Rien n'est plus nuisible aux manuscrits que l'humidité. On se gardera donc d'en placer aucun sur le plancher, ni même sur les tablettes trop voisines du plancher; on établira des courants d'air, autant qu'il sera possible, afin d'empêcher l'air stagnant de produire, surtout dans les manuscrits sur vélin ou sur parchemin, une fermentation qui ne tarderait pas à les altérer. On secouera la poussière, car elle contribue à la génération des insectes. Enfin, on ne négligera aucun des moyens qu'on emploie ordinairement contre les rats et les souris.

Outre ces précautions générales, les *chartes* en exigent encore de particulières. C'est une fort mauvaise coutume que de les plier ; cela détruit l'écriture qui se trouve dans le pli, et le papier et le parchemin se coupent souvent dans cette partie. On doit, autant que possible, les étendre en longueur dans des cartons ou des layettes et les revêtir de *chemises*, c'est-à-dire de feuilles de papier bien sec, qui les séparent les unes des autres et empêchent qu'elles ne contractent en se touchant une humidité dangereuse, dont les chartes en parchemin sont très-susceptibles. Cette précaution regarde particulièrement les chartes les plus importantes par leur objet ou par leur ancienneté. Si elles sont d'une longueur excessive, telles que celles qui sont composées de plusieurs feuilles cousues bout à bout, il faut les rouler. Cette méthode a singulièrement contribué à la conservation des titres de la Tour de Londres, qui ont pris de là le nom de *rôle.* On doit aussi à cette méthode la conservation de quelques chartes précieuses, écrites sur papier d'Egypte, sous les deux premières races, et qui font partie des Archives de Saint-Denis en France.

C'est principalement par rapport aux *sceaux* dont elles sont munies qu'il faut abolir l'usage des sacs. Dans le Trésor des chartes de la Couronne, où il est introduit depuis longtemps, quand on retire de ces sacs les titres qui y ont été renfermés, on trouve au fond les débris de *sceaux* et des poignées de cire réduite en poudre. On doit, en arrangeant les chartes, ménager avec la plus grande attention les sceaux qui y sont suspendus, et surtout ne pas imiter ces ignorants qui, pour ranger plus commodément les chartes, se sont quelquefois permis d'en retrancher les sceaux pendants, sans se douter qu'ils déshonoraient par là leurs Archives.

Au contraire, lorsque les sceaux ont été détruits par le temps, il faut au moins conserver les lacs de soie, de corde, et les *lemniques* ou bandes de parchemin, qui attestent que les sceaux y avaient été suspendus.

On a quelquefois enfermé dans des enveloppes de parchemin les *sceaux pendants.* Cette précaution ne vaut rien ; elle ne sert qu'à rassurer mal à propos sur la conservation du sceau, et à diminuer d'autant plus l'attention qu'elle exige.

On sent presque toujours, à travers ces enveloppes, que les sceaux qu'on y a renfermés sont brisés ou réduits en poussière ; néanmoins ceux qui seraient ainsi enveloppés de parchemin ou de papier doivent rester en cet état jusqu'à nouvel ordre.

Outre les sceaux, on suspendait quelquefois aux chartes anciennes les choses qui avaient servi de signes ou de symboles de tradition ou d'investiture. Ainsi, dans les Archives de Notre-Dame de Paris, on voit un couteau à manche de bois suspendu à une ancienne charte ; de même, dans les Archives de Saint-Denis, en France, un *fétu,* symbole de la tradition ou investiture des domaines donnés par une charte du commencement de la seconde race de nos rois, est encore attaché à cette charte. Il convient de respecter ces témoignages de nos anciens usages consacrés par la loi salique.

OBSERVATIONS PARTICULIÈRES.

Si les circonstances exigent qu'on place dans un seul et même dépôt provisoire des livres et autres objets tirés de différentes maisons religieuses, on aura soin de faire des divisions, et d'indiquer sur chacune le nom de la maison dont les objets seront provenus. Cette précaution est essentielle, surtout pour les livres, afin que par la suite on puisse retrouver sans peine tel livre manuscrit ou imprimé qu'on sait avoir existé dans telle ou telle Bibliothèque.

L'intérieur des dépôts provisoires étant disposé comme on vient de le voir, les scellés sont apposés sur les portes, de même que sur les fenêtres, etc.

Fait au Comité de l'administration des affaires ecclésiastiques et d'aliénation des domaines nationaux, le 15 décembre 1790.

LA ROCHEFOUCAULD, président du Comité d'aliénation ; G. BOUTEVILLE, sécrétaire ; DIONIS, président du Comité ecclésiastique ; GERLE, secrétaire.

.V. — INSTRUCTIONS SUR LA MANIÈRE D'INVENTORIÉR, ETC., ETC., ETC., PAR LA COMMISSION TEMPORAIRE DES ARTS. (Voy. p. XII.)

L'an II de la République.

Les sciences doivent servir à l'avancement des hommes, et c'est sous ce rapport qu'il faut qu'on les cultive. Ici, comme ailleurs, on a tout changé, parce que rien n'était à sa place, toutes les Académies, toutes les corporations savantes ont été supprimées, et la main du législateur a frappé sans exception tout ce qui tendait à perpétuer des priviléges qu'il importait d'anéantir...

Les objets qui doivent servir à l'instruction, et dont un grand nombre appartenait aux établisssements supprimés, méritent toute l'attention des vrais amis de la patrie ; on les trouvera dans les Bibliothèque, dans les Musées, dans les cabinets, dans les collections sur lesquelles la République a des droits, dans les ateliers où sont rassemblés les instruments les plus nécessaires à nos besoins; dans les palais et dans les temples que décorent les chefs-d'œuvres des arts ; dans tous les lieux où des documents retracent ce que furent les hommes et les peuples; partout enfin où des leçons du passé fortement empreintes peuvent être recueillies par notre siècle, qui saura les transmettre, avec des pages nouvelles, au souvenir de la postérité.

Jamais un plus grand spectacle ne s'offrit aux nations. Tous ces objets précieux qu'on tenait loin du peuple, ou qu'on ne lui montrait que pour le frapper d'étonnement et de respect, toutes ces richesses lui appartiennent. Désormais elles serviront à l'instruction publique ; elles serviront à former des législateurs philosophes, des magistrats éclairés, des agriculteurs instruits, des artistes au génie desquels un grand peuple ne commandera pas en vain de célébrer ses succès ; des professeurs qui n'enseigneront que ce qui est utile ; des instituteurs, enfin, qui, par une méthode rigoureuse et simple, prépareront de robustes défenseurs à la République et d'impitoyables ennemis aux tyrans Qui ne voit pas que cette belle entreprise intéresse à la fois et tous les peuples et tous les âges? Pères, mères, époux, vous tous qui êtes constamment et tendrement occupés des soins que l'on donne à l'enfance et de l'instruction que l'on doit à la jeunesse; vous tous qui, par vos vertus républicaines, êtes les vrais appuis de la liberté naissante, approchez et jouissez, mais couvrez ce domaine de toute votre surveillance. L'indifférence ici serait un crime, parce que vous n'êtes que les dépositaires d'un bien dont la grande famille a droit de vous demander compte. C'est dans les maisons lâchement abandonnées par vos ennemis que vous trouverez une partie de cet héritage; faites-le valoir au profit de la raison, si cruellement outragée par eux ; éloignez-en toutes les mains suspectes, et que chacun de nous se conduise comme s'il était vraiment responsable de ces trésors que la nation lui confie.

Le département de Paris est celui qui possède le plus grand nombre de dépôts d'objets pouvant servir à l'instruction publique.

La Convention nationale ayant décrété, le 15 et le 18 août dernier, que son Comité d'instruction publique en ferait dresser des inventaires et qu'il veillerait à leur conservation, les membres de ce Comité s'adjoignirent des citoyens versés dans la connaissance des différentes parties des arts, des sciences et des lettres, qui se sont aussitôt occupés de ces recherches.

Satisfaite des travaux de cette commission, la Convention nationale l'a instituée, par son décret du 28 frimaire (1), sous le nom de .

---

(1) Voyez le rapport fait à la Convention au nom du Comité d'instruction pu-

Commission temporaire des arts, et le même décret lui remet les fonctions que la Commission des monuments était chargée de remplir.

La Commission temporaire des arts est établie : 1° pour veiller à l'exécution de tous les décrets qui concernent la conservation des monuments et des objets de sciences et d'arts, leur transport et leur réunion dans les dépôts convenables (1) ; 2° pour en faire une courte description et les classer, afin qu'on les connaisse et qu'on puisse les trouver au besoin.

On pourvoit à la conservation des richesses littéraires : 1°, par les scellés que les corps administratifs font apposer sur les maisons et sur les appartements qui les renferment ; 2° par les inventaires, de la rédaction desquels la Commission des arts est chargée.

La classification est une opération secondaire, par laquelle, en donnant aux objets inventoriés un ordre méthodique, on montre l'usage qu'on peut en faire et le rang qui leur convient.

Pour remplir cette double tâche, la Commission des arts est divisée en autant de sections qu'il y a de classes bien distinctes dans ses recherches.

Il était nécessaire que toutes les parties de cette commission adoptassent une marche commune ; elles ont préféré celle qui suit :

Chacune des nombreuses collections du département de Paris est indiquée par un signe convenu ; chaque section de la Commission des arts l'est par un signe d'un autre genre. Sur chaque objet est placée une étiquette portant le numéro du département (2), le signe de la collection dont le morceau fait partie, plus celui de la section qui en a déterminé la sorte ou l'espèce, plus le signe numérique par lequel l'objet lui-même est individuellement exprimé. L'état est rédigé conformément à ces bases, et c'est toujours une nomenclature méthodique dont les sections de la Commission des arts se font un devoir de se servir (3). De la masse de leurs inventaires elles se proposent de tirer des tableaux dans lesquels les substances désignées seront rangées dans un ordre systématique. A l'aide de ce double travail, la distribution des objets deviendra facile ; et partout où ils se trouveront on reconnaîtra sans peine quelle fut leur destination première, et même par qui chacun de ces morceaux aura

---

blique par Mathieu, député, le 28 frimaire de l'an second de la république française, imprimé par ordre de la Convention nationale.

(1) Article second du décret du 28 frimaire an II.

(2) Le numéro du département de Paris est le n° 60.

(3) Il est facile de sentir que la vraie détermination des espèces peut seule empêcher toute dilapidation ; car, si les objets étaient mal désignés, on pourrait, à l'aide de cette nomenclature vicieuse, leur en substituer de moins précieux. Sous un autre rapport, la responsabilité des gardiens deviendrait nulle dès le moment où il serait prouvé que l'Inventaire aurait été mal fait ; ou les gardiens deviendraient responsables d'objets qui n'auraient point été réellement confiés à leurs soins.

été nommé et brièvement décrit : et qu'on ne reproche pas à ces mesures d'être inutiles ou minutieuses, puisque, d'une part, les commissaires s'occuperont sans doute avec plus de soin d'un travail à chaque partie duquel leur nom demeurera, pour ainsi dire, atta-ché ; et que, de l'autre, il est des objets précieux dans les annales des arts et des sciences, dont il faut que, parmi tant de copies in-formes, l'original, avec toutes ses circonstances, soit exactement conservé.

La Commission des arts dresse autant d'inventaires qu'il y a de sections intéressées à l'examen de chaque collection ou dépôt. Chaque inventaire porte en tête le nom du département, celui de la collection, ou le signe qui la caractérise, et celui de la section qui est chargée du travail.

Les inventaires sont eux-mêmes divisés en plusieurs colonnes qui indiquent les places particulières où sont déposés les objets, tels que les armoires, les tiroirs, les cages, les tables ou les caisses ; le numéro qui est propre à chaque objet ; le nombre de morceaux réunis sous le même numéro ; tout ce qui concerne la nomenclature, c'est-à-dire le nom vulgaire, celui sous lequel l'objet est désigné dans la collection ; le nom du donateur et celui du pays d'où l'objet a été apporté, si l'un et l'autre sont connus ; des notes sur l'état de conservation ou autres, et quelquefois des signes de re-marque sur la richesse ou la rareté des morceaux.

Il est des soins qu'il serait utile de prescrire et que le zèle du patriotisme peut seul inspirer ; de ce nombre sont ceux que les mem-bres de la Commission des arts se sont donnés pour faire rentrer dans les domaines de la nation des morceaux qui en avaient été distraits. Ils n'ont rien négligé pour découvrir dans quelles mains étaient ces objets (1). Après les informations longues et pénibles, ils l'ont appris, et la plupart sont maintenant replacés dans les col-lections d'où ils n'auraient jamais dû sortir.

Il est un autre genre de service qu'on doit encore à la Commis-sion des arts. Des morceaux précieux et rares, profondément ense-velis dans les magasins des grandes collections, étaient perdus pour tous les yeux. Les cabinets des ci-devant Académies des sciences et de peinture en recèlaient plusieurs de ce genre, que les membres de la Commission des arts ont découverts dans leurs re-cherches. Ils seront présentés au public, qui saura les apprécier.

Mais ce n'est pas seulement dans le département de Paris que toutes les richesses littéraires faisant partie des domaines natio-naux doivent être inventoriées ; l'intérêt de la république veut en-core qu'elles le soient dans tous les départements. Deux puissants motifs sollicitent le prompt achèvement de ce travail.

1° Lorsque les inventaires de toutes ces collections seront termi-

---

(1) Plusieurs avaient été confiés à des notaires ; d'autres à des domestiques d'émigrés ou à des particuliers, chez lesquels ils étaient en dépôt.

nés, deux agents responsables en seront nommés les gardiens , et toute dilapidation y deviendra dès ce moment impossible. Or, nous sommes informés qu'il s'y commet journellement des dilapidations de divers genres qu'il serait difficile d'empêcher, puisque la plupart de ces collections, ni la valeur, ni même l'existence des morceaux précieux qui s'y trouvent, ne sont constatés par aucun titre (1).

2° Après l'achèvement de ce travail, l'état des arts et des sciences dans les départements sera déterminé sous ses deux principaux rapports par des procès-verbaux ou inventaires. Il le sera sous celui de la topographie,; il le sera, par les tableaux méthodiques, sous celui des diverses branches des connaissances humaines : de sorte que les législateurs sauront, avec la plus grande précision, quelles contrées sont suffisamment pourvues des objets necessaires à l'enseignement, et quelles sont aussi celles où il n'y en a point assez ; et qu'ils pourront sans peine, à l'aide des catalogues méthodiques qui leur seront remis, trouver, organiser et mouvoir les nombreux ressorts de cette importante machine, sans laquelle l'édifice républicain, c'est-à-dire le gouvernement de la raison et des mœurs, ne pourrait longtemps se soutenir.

Si les citoyens des départements craignaient que, cédant au désir peut-être trop répandu de tout porter vers un centre, on n'eût formé le projet de leur enlever des richesses littéraires qui sont maintenant en leur pouvoir, nous leur rappellerions que la Convention nationale a défendu, par son décret du 28 frimaire de l'an II, *tout autre déplacement que celui que la conservation même des objets pourra nécessiter* (2).

C'est dans les sociétés populaires que tous les bons citoyens sont réunis ; c'est là que le zèle du patriotisme n'est arrêté par aucun obstacle. Ces sociétés, qui ont tant de fois sauvé la république, sont invitées à concourir aujourd'hui de tous leurs moyens à consolider les bases de l'enseignement, ce qui est regénérer et sauver encore une fois la patrie. Cette Instruction leur sera remise, et, pénétrées de son esprit, elles chercheront, elles trouveront sur leur territoire (car rien n'échappe à leur surveillance) toutes les collections et les dépôts qui intéressent les arts, et sur lesquels la nation a des droits.

Il sera dressé un état exact des divers collections et dépôts qui intéressent l'instruction dans l'étendue de chaque district, et sur lesquels la république a des droits , et chacun de ces dépôts sera désigné par une lettre, comme on a fait pour les collections du même genre qui sont à Paris.

3° Sur chaque objet inventorié sera placé une étiquette portant le numéro du département, avec les autres signes ou caractères indiqués ci-dessus en parlant de la Commission.

---

(1) Dans la plupart de ces collections, il n'y a pas même de Catalogue où soit portée la série des objets.

(2) Article VIII de ce décret.

4° Il sera dressé, pour chaque collection, autant d'inventaires particuliers qu'il y aura d'articles principaux ou de sections dans le nombre des objets dont elle sera composée, et chaque inventaire sera conforme aux modèles que nous avons indiqués plus haut.

5° Les commissaires des districts n'auront à dresser que les inventaires des collections ou dépôts. Les catalogues méthodiques ou systématiques qui doivent en être tirés seront rédigés par la Commission des arts, afin que toutes les parties de ce travail important soient fondées sur les mêmes bases et dirigées par le même esprit.

6° Les commissaires prépareront deux exemplaires des inventaires faits sur place. L'un de ces inventaires sera conservé dans les Archives du district sur le territoire duquel il aura été dressé; l'autre sera remis au Comité d'Instruction, duquel chaque district recevra la portion du catalogue raisonné, qui comprendra les objets inventoriés et déposés dans son sein.

Il existe parmi les peuples modernes des restes vivants de l'antiquité; on les trouve surtout dans le costume et dans le langage des habitants de certaines contrées; mais les progrès de la civilisation et des arts les atténuent chaque jour, de sorte que c'est, en général, dans les pays peu fréquentés, chez les hommes simples et livrés uniquement au travail de l'agriculture ou au soin des troupeaux, qu'il faut en chercher des traces. Là, des nuances différentes se montrent à l'observateur; tantôt la langue du peuple n'y offre qu'une sorte de dialecte de l'idiome national, plus ou moins altéré dans la consonnance des mots ou dans la construction des phrases; tantôt elle porte les caractères d'un idiome étranger, auquel se joignent quelques mots de l'idiome national, avec des racines que des langues anciennes ou des langues propres à des nations très-éloignées de nous ont fournies. Dans tous ces cas, la connaissance des révolutions des peuples doit jeter un grand jour sur les causes de ces altérations et de ces mélanges divers; et l'examen réfléchi des lieux où se trouvent ces débris de ces usages antiques peut nous éclairer beaucoup sur la route tenue par ceux qui nous les ont transmis. Aujourd'hui que nos législateurs ont résolu de substituer la langue nationale aux différents dialectes ou patois de quelques-uns de nos départements, et que l'uniformité de notre éducation nationale va faire disparaître ces contrastes; aujourd'hui que l'unité et l'égalité doivent être de toutes parts les vrais régulateurs de notre république, il importe de recueillir tout ce qui concerne ces idiomes et de le consigner dans nos fastes pour le faire servir à l'histoire de ces hommes courageux, de ces compagnons de notre gloire qui ont joint leurs efforts aux nôtres dans la conquête de la liberté.

Les commissaires des districts conserveront tous les dictionnaires, syntaxes et autres livres écrits en patois, et ils réuniront, autant que possible, les productions auxquelles sont attachés les plus anciens souvenirs, telles que les chansons, les cantiques, les contes, les fables, fabliaux et proverbes les plus répandus sur les diverses parties de notre territoire dont les habitants parlent un idiome qui leur est propre.

S'il y a quelqu'un de ces idiomes dont le vocabulaire et la syntaxe n'ont point été recueillis, les citoyens instruits, qui habitent les départements où ils sont en usage, sont invités à s'occuper au plus tôt de ce travail, et à faire parvenir incessamment au Comité d'instruction publique ce tribut d'un zèle éclairé qui porte avec lui sa récompense......

Les ingénieurs en chef des départements ont dans leurs bureaux des Mémoires, des plans, des dessins, des instruments et des modèles, qui seront inventoriés, et dont le catalogue sera remis au Comité d'instruction publique.

Pendant que des personnes recommandables par leur civisme et par leur instruction, choisies par les districts de concert avec les sociétés populaires, sont occupées du recensement et de la conservation des objets qui doivent servir à l'enseignement, il ne faut pas que des citoyens tout à fait étrangers à l'étude des arts se permettent de renverser des monuments dont ils ne connaissent ni la valeur ni les motifs, sous le prétexte qu'ils croient y voir des emblèmes de superstition, de despotisme ou de féodalité. Lorsque le peuple, armé de sa massue, vengeur de ses propres injures et défenseur de ses propres droits, a rompu sa chaîne et terrassé ses oppresseurs, plein alors d'un juste courroux, il a pu tout frapper ; mais aujourd'hui qu'il a remis le soin de sa fortune et de ses vengeances à des législateurs, à des magistrats auxquels il se confie ; aujourd'hui que des citoyens éclairés ont été nommés par lui, juges et conservateurs des chefs-d'œuvres des arts qui sont en son pouvoir, ne lui suffit-il pas de surveiller leur conduite, et ne doit-il pas au moins les entendre toujours avant de se déterminer. Ces maisons, ces palais, qu'il regarde encore avec les yeux de l'indignation, ne sont plus à ses ennemis, ils sont à lui.

A Fontainebleau, on a brûlé un tableau d'un grand prix, et on a mutilé un fleuve en bronze, exécuté sous les yeux de Léonard de Vinci.

Des chefs-d'œuvre de sculpture ont été détruits dans les parcs de Marly et de Brunoy.

Par un décret du 18 du premier mois de l'an II, la Convention nationale avait ordonné de faire disparaître tous les signes de royauté et de féodalité dans les jardins, parcs, enclos et bâtisses. S'étant apperçue qu'en donnant à ce décret une extension contraire aux vues des législateurs, on le faisait servir à la destruction des monuments des arts et de l'histoire, et, réfléchissant que l'industrie et le commerce de la France perdraient bientôt la supériorité qu'ils ont acquise dans plusieurs branches sur l'industrie et le commerce de nos voisins, si l'on n'empêchait, dans cette circonstance, les écarts de l'ignorance et les entreprises de la cupidité, le Comité d'instruction publique a proposé, par l'organe de Romme, et la Convention a

.adopté, .le .3 .brumáire de l'an. II, un .décret. conservateur (1), par lequel il est défendu « d'enlever, de détruire, de mutiler et d'altérer;
« en aucune manière, sous prétexte de faire disparaître les signes·
« de féodalité et de royauté, dans les bibliothèques, dans les collec-
« tions, cabinets, musées, ou chez les artistes, les livres, dessins
« et gravures, les tableaux, les statues,·les bas-reliefs, les médailles,·
« les vases, les antiquités, les modèles et autres objets qui intéres-
« sent les arts, l'histoire et l'enseignement. »

VI. — DES ARCHIVES ANCIENNES ET DE LEUR UTILITÉ,
D'APRÈS L'OPINION DES JURISCONSULTES. (Voy. p. XXXVIII.)

(Extrait de la Collection de Décisions nouvelles. et de notions relatives à la jurisprudence, par Denisart, t. II, p. 271, article *Archives*.)

Eckhard, dans son introduction à la *Diplomatique* (sect. Ire, chap. 1,
§ 19), remarque que l'auteur des *Annales des Francs*, dit expressé-
ment, sur l'année. 813, que les ordonnances de nos rois se conser-
vaient dans les Archives de leurs palais, *In Archivo palatii*, et il
ajoute, d'après Hertius, que les rois de la première race avaient
chartarum scrinia et regesta. Il en donne des preuves positives, et
il.dit encore que, dans les grandes villes, il y avait trois dépôts *Ta-
bularia* : celui de l'évêque, celui du comte et celui de la commune
universitalis.

-. Dans les églises et les monastères, continue Eckhard, les diplômes
étaient conservés, pour ainsi dire, avec autant de soin que les livres
des sybilles à Rome. Le célèbre capitulaire de Charles le Chauve de
l'an 871, qu'on appelle vulgairement l'édit de *Pistes*, fait mention
des Archives des églises. On peut voir quelques détails sur ces Archives des églises et des monastères dans le *Dictionnaire de diplomatique* (de Dom de Vaines, *verbo : Archives*). Souvent, pour conserver plus sûrement les titres, on en fit. plusieurs exemplaires
qu'on plaçait dans différents dépôts. (Voir ci-après.)

. Les Archives proprement dites, sont différentes des autres dépôts
où l'on conserve aussi des monuments écrits, en ce que, dans les
Archives proprement dites, on ne reçoit que des titres, des actes
authentiques, diplômes, chartes, contrats ; au lieu que, dans les autres dépôts, on reçoit des écrits de tous genres. Souvent même les
actes n'y sont que par occasion et accidentellement.

Ce qui ajoute aux Archives le caractère d'Archives publiques,
c'est qu'elles sont établies par l'autorité du souverain et gardées
sous l'autorité de souverain. Il y a trois caractères, dit Dumoulin,

---

(1) Rapport par G. Romme, fait au nom du Comité d'instruction publique,
sur les abus qui se commettent dans l'exécution du décret du 18 du premier
mois, etc., etc.

qui constituent les Archives publiques. Le premier, qu'elles soient placées dans un lieu public, c'est-à-dire qui appartient à l'État ; le second, qu'on ne reçoive dans ce lieu que des écritures authentiques ; le troisième, qu'elles soient confiées à la garde d'un officier public.

Les différents tribunaux de justice ont chacun leur dépôt propre, dans lequel ils conservent les actes relatifs au ministère qu'ils exercent : on appelle proprement ces dépôts des greffes et les écrits qui y sont conservés, des registres.

L'autorité publique veille à la conservation des dépôts et des Archives dont nous venons de parler, et les particuliers sont *obligés d'y rapporter les papiers publics qui tombent entre leurs mains*. Il y a eu, à cet égard, des injonctions générales, lorsque les circonstances l'ont requis.

Chacun peut se faire un dépôt pour rassembler les titres de sa famille et de ses possessions ; mais ce n'est pas là ce que l'on appelle des Archives, même privées. On appellera ce dépôt tout au plus un *Chartrier*. Le nom d'Archives est réservé aux dépôts considérables des titres d'un corps ou d'une grande maison.

Ainsi, le clergé de France a des Archives pour la conservation desquelles il prend un grand soin. Le précis de ce qu'il a fait à cet égard se trouve dans la table de la nouvelle Collection des procès-verbaux, au mot *Archives*. On remarque au même lieu que l'art. 34 de l'ordonnance de 1629, ou code Michaud, portait que, dans toutes les abbayes ou monastères, les titres seraient déposés dans des Archives dont une clef serait mise entre les mains du titulaire ou commandataire ; une autre clef entre les mains du prieur claustral, et là troisième entre les mains d'un religieux choisi par la communauté. Le clergé fit des représentations sur cet article, et les commissaires du roi y répondant, déclarèrent qu'il serait établi une chambre d'Archives ecclésiastiques en chaque diocèse, où les inventaires des titres et papiers des bénéficiers seraient rapportés et conservés, desquelles Archives il y aurait trois clefs ; l'une pour l'évêque, l'autre pour le chapitre, l'autre pour le procureur du roi ; et, néanmoins, qu'on ne pourrait le compulser que du consentement des titulaires. L'article de l'ordonnance et la résolution des commissaires du roi sont demeurés sans exécution.

Dom de Vaines, dans son *Dictionnaire de diplomatique*, verbo *Archiviste*, remarque que l'office d'Archiviste a presque toujours été confondu, dans les premiers temps, avec celui de secrétaire, et que, dans les églises et les abbayes particulières, on nommait la même personne tantôt trésorier, tantôt garde des Archives ; ce qui vient de ce qu'on était dans l'usage de déposer les chartes dans les trésors des églises et des monastères.

Les édits bursaux, portant création d'offices d'Archivistes dans l'Université de Paris et dans les corps et communautés d'arts et métiers, sont très-nombreux.

Tous ces offices ont été supprimés, mais on voit au *Dictionnaire des domaines*, verbo *Archives*, que plusieurs des droits qui leur avaient été attribués ont été conservés.

Les gardes des Archives ou dépôts établis par l'autorité publique sont commis ou par des brevets, ou par des arrêts du Conseil. Nous citerons, pour exemple, l'arrêt du Conseil du 22 septembre 1766, rendu au sujet des minutes, registres et papiers, qui étaient dans les greffes du Conseil de Lorraine, et qui n'avaient pas pu être répartis dans les dépôts déjà établis. Le roi ordonne que ces minutes seront déposées au Louvre, dans un logement convenable, où M. Cochin pourra faire loger un commis, et que ledit sieur Cochin signera les expéditions qui seront requises de toutes les minutes. Voilà l'établissement d'une Archive et de son garde.

Il y a, sur ce sujet, un texte précis, savoir, l'authenthique *ad hæc* au Code : *de fide Instrum.* Voici ce que l'on y lit : « Charta quæ profertur ex Archivo publico, testimonium publicum habet. » En examinant la novelle 49, dont cette authentique est tirée, il paraît qu'il était particulièrement question de justifier des payements faits aux receveurs publics dont les comptes étaient déposés dans des Archives publiques. De là Dumoulin a conclu, en général, qu'un écrit tiré d'Archives publiques forme une preuve complète, quand même il manquerait de la souscription du notaire, des témoins, et des autres caractères d'un acte public (sur l'article 5 de l'ancienne coutume n° 26). Mais ceci demande quelques observations.

On voit aux mots charte, diplomatique et signature, qu'il y a eu un temps où les actes n'étaient signés ni des parties ni des notaires. Le sceau ordinairement y suppléait. Ainsi, il n'est pas nécessaire qu'un acte soit tiré d'Archives publiques pour valoir sans la signature des parties et du notaire. Il suffit qu'il soit d'un temps où l'usage n'était point que les parties ni les notaires signassent. D'un autre côté, c'est aller trop loin que de dire, généralement qu'un écrit tiré d'Archives publiques fera pleine foi, quoique destitué de tous les caractères propres aux actes publics ; une conséquence aussi illimitée ne paraît pas suivre de la novelle 49, d'où l'authentique *ad hæc* a été tirée; la proposition de Dumoulin a donc du vrai et du faux.

Il est possible que, dans un dépôt public, on reçoive des registres contenant des copies d'actes qui ont été dressés en forme authentique, que l'on ne copie que sur des minutes qui avaient cette forme, mais que ces copies ne se signent point. De pareils registres, déposés dans des Archives publiques, font pleine foi par cela même qu'ils sont dans les Archives. On en a un exemple dans le dépôt des registres du parlement. Les minutes des arrêts y sont déposées sur papier, dûment signées, suivant l'ordonnance. On copie ensuite ces arrêts sur parchemin, et la suite de ces arrêts, rendus jour par jour, forme des volumes reliés. La plupart de ces copies n'ont aucune signature; Cependant il est certain que, même en supposant la minute perdue, une grosse de l'arrêt, expédiée sur la copie qui est en parchemin, serait un acte authentique et formant une preuve complète. C'est là le cas d'appliquer la maxime de Dumoulin : *Scriptura sumpta ex archivo publico plene probat, etiamsi careat solemnibus publici instrumenti.*

Mais prétendre qu'une feuille volante, qui n'aura aucun caractère d'acte authentique, se transformera en un acte de ce genre parce qu'on la tirera d'Archives publiques ; nous ne pensons pas qu'on puisse admettre ce système, il serait trop dangereux. Tout ce que l'on peut admettre, c'est que la circonstance du dépôt dans les Archives publiques aura quelques effets semblables à ceux de l'ancienneté de la date ; elle fera présumer de la vérité de l'acte.

Quelle est ensuite la preuve qu'on doit donner que l'acte produit a été tiré d'Archives publiques? Dumoulin dit que, dans le cas où l'on produit l'original même qui existait dans les Archives, il suffit d'y joindre ou un acte public, ou même la seule signature du garde des Archives, qui atteste que l'acte était déposé et gardé au nombre des actes authentiques. Mais si l'on ne produit qu'une copie, alors il faut régulièrement que la collation se fasse de l'autorité du juge et de la partie appelée. Dumoulin n'excepte que les copies qui sont tirées des Archives de la Chambre des Comptes et qui sont attestées par les magistrats de cette Chambre. Sans doute il faut en dire autant des arrêts qui sont tirés des registres du Parlement et des copies des actes déposées au Trésor des chartes, qui sont collationnées et certifiées par M. le procureur général.

Dans l'usage, on conteste rarement les copies ou extraits de pièces déposées dans des Archives, lorsqu'elles sont certifiées par le garde de ces Archives ; et cela ne doit pas étonner quand elles sont déposées dans des Archives ouvertes à tout le monde, parce qu'il est facile à la partie hors la présence de laquelle la collation a été faite de s'assurer de la fidélité de la copie ou de l'extrait. S'il s'agit d'Archives où l'on n'ait pas un accès aussi libre, rien ne dispense des règles communes suivant lesquelles tout extrait et collation de pièces doit se faire parties présentes ou dûment appelées.

VII. — EXTRAIT DU RÉPERTOIRE UNIVERSEL ET RAISONNÉ DE JURISPRUDENCE, par M. Guyot, ancien magistrat. Paris, in-4°, 1784, t, Ier, p. 585, article *Archives* (voy. p. XXXVIII).

S'il arrive que, dans une contestation, on soit obligé de lever quelque extrait de pièces conservées aux Archives, on n'est point tenu d'appeler les parties adverses pour en faire la collation avec elles, parce que cet extrait n'est pas la collation d'un titre présenté par un particulier sans caractère. C'est au contraire une expédition, qui, étant signée de l'officier préposé, doit produire le même effet que l'expédition délivrée par un notaire lorsqu'il a reçu la minute de l'acte. Dans ce cas-ci, la signature du dépositaire de l'acte suffit pour en assurer la foi.

Il faut remarquer que, quand des juges ont admis et reçu une inscription de faux contre des pièces qui se trouvent aux Archives de la Chambre des Comptes, les originaux n'en peuvent être tirés qu'en vertu de lettres du roi, signées d'un secrétaire d'État; c'est ainsi prescrit par l'article 46 de l'édit de règlement pour les Chambres des Comptes, donné au mois d'août 1669.

Les administrateurs et les fermiers des domaines doivent avoir une libre entrée dans les lieux où sont déposés les anciens titres ou registres du royaume, et ils ont le droit de prendre communication de ces titres, sans les déplacer : c'est la disposition des lettres patentes du 12 juillet 1687, de l'édit de décembre 1701, de l'article 541 du bail de Carlier du 19 août 1726, et de l'article 518 du bail de Forceville du 16 septembre 1738, qui porte : que les officiers des Chambres des Comptes et des Bureaux des finances seront tenus de donner communication, sans déplacer, à l'adjudicataire des fermes, des sous-fermiers, procureurs et commis, de tous les titres, papiers et enseignements concernant les domaines; même de leur en délivrer des copies et extraits en payant seulement les frais et déboursés.

Suivant deux ordonnances du duc Léopold de Lorraine du 17 mars 1699, les actes, sentences, arrêts, jugements, registres et papiers publics ou du domaine, doivent être déposés dans les greffes et Archives publics et inventoriés dans la forme prescrite par ces ordonnances.

Les offices de gardes et dépositaires des Archives, créés par édits des mois de janvier et juillet 1708 (ci-dessus, p. LII), et de mars 1709, furent supprimés par édit du mois d'août 1716, et les droits qui leur avaient été attribués furent réservés pour être perçus, au profit du roi, sur le pied du tarif du 8 du même mois.

Par l'article 2 de la déclaration du roi du 5 août 1732, les droits des gardes des Archives, pour les réceptions d'officiers, furent totalement éteints et supprimés; mais, par l'article 3, il fut ordonné que les droits qui leur avaient été attribués sur les dépens, dommages et intérêts, continueraient d'être perçus sur le pied fixé par le même article. Ces droits font partie de ceux qui se perçoivent sous le titre de contrôle des dépens.

Le doyenné de Saint-Quentin en Vermandois s'étant trouvé en litige entre M. de Caumartin, évêque d'Amiens, et M. Boulogne, aumônier du roi, celui-ci obtint la permission de compulser les Archives de Saint-Quentin et soutint qu'on avait distrait les principaux titres du chapitre qui intéressaient les droits du roi. Le chapitre s'était opposé au compulsoire et soutenait qu'il ne pouvait être obligé ni à communiquer ses titres, ni à ouvrir son Trésor, et que M. Boulogne n'avait aucun droit d'entrer dans les Archives.

Le parlement de Dijon, qui prononça sur cette contestation, jugea, par arrêt du 4 août 1625, que les Archives des églises n'étaient pas des dépôts publics, et, qu'à l'exception du roi ou de son procureur, personne n'avait droit d'en demander l'ouverture, ni aucun juge de l'ordonner.

VIII. — RÉPERTOIRE UNIVERSEL ET RAISONNÉ DE JURISPRUDENCE, par le comte Merlin (4ᵉ édition, p. 356), Paris, 1812, in-4° (voy. p. XXXVIII et XLIX).

Archives des Contrats. — « On appelle ainsi, en Toscane, deux dépôts publics dans lesquels les notaires sont obligés de remettre les copies de tous les actes qu'ils reçoivent.

Ces dépôts, que les anciens souverains de la Toscane avaient établis, ont été maintenus depuis la réunion de ce pays à la France.

Voici ce que porte, à ce sujet, un décret impérial du 5 septembre 1810.

CHAPITRE 1ᵉʳ. DE LA CONSERVATION DES ARCHIVES.

Art. 1ᵉʳ. Les Archives des contrats, établies dans les villes de Florence et de Sienne, sont définitivement maintenues.

Art. II. Les Archives de Florence auront dans leur ressort, les départements de l'Arno et de la Méditerranée; et celles de Sienne, le département de l'Ombrone.

Art. III. Tous les notaires desdits départements devront déposer aux Archives respectives une copie des actes et contrats par eux reçus, et dont ils auront gardé minute, ainsi que des actes y annexés.

Art. IV. Les notaires enverront, dans le même délai, une copie des testaments publics aux Archives. Les testaments olographes, dont la remise doit être faite à un notaire, après les formalités prescrites par l'article 1007 du Code Napoléon, resteront en minutes chez lui; mais le notaire sera tenu, après la mort du testateur, d'en envoyer une copie aux Archives, ainsi que de l'ordonnance du président qui en aura prescrit le dépôt et l'exécution. — Les testaments mystiques resteront aussi au pouvoir des notaires, qui seront tenus de remettre aux Archives une copie de l'acte de suscription, et, à l'époque de l'ouverture du testament, une copie du procès-verbal qui en sera dressé et de la disposition du testateur.

Art. VI. Les copies seront déposées dans le délai d'un mois, pour les actes passés dans les villes de Florence et de Sienne ; de deux mois, pour ceux passés à une distance de cinq myriamètres, et de trois mois; pour tous les autres, à peine d'une amende de six francs pour chaque omission ou retard.

Art. VIII. Les notaires, en déposant aux Archives les copies des actes par eux reçus, remettront en même temps deux bordereaux contenant l'indication de l'acte déposé et de son numéro, ainsi que de la lettre et du numéro du notaire, dont il sera parlé ci-après; un de ces bordereaux restera aux Archives et l'autre sera rendu aux notaires, signé par le conservateur, et leur servira de décharge. Il leur sera envoyé par la voie indiquée dans l'article 6, ci-dessus.

Art. IX. Dans le mois du décès de chaque notaire ou de la cessation de ses fonctions, lui ou ses héritiers devront déposer aux Archives du ressort toutes les minutes des actes, contrats et testaments, avec le répertoire prescrit par les articles 29 et 30 de la loi du 25 ventôse an II.... Le bénéfice des expéditions à venir appartiendra aux Archives, lesquelles en indemniseront le titulaire ou ses héritiers. Le montant de l'indemnité ainsi que les délais de payement seront fixés par le conservateur des Archives et le président de la Chambre de discipline des notaires, et, en cas de discorde, par le président du tribunal de première instance de la résidence du notaire, sur l'avis de la Chambre de discipline.

Art. X. Les dispositions des articles 57 et 61 de la loi du 25 ventôse an II, pour assurer la conservation et la remise des minutes des notaires décédés ou ayant cessé leurs fonctions, sont applicables aux Archives, et l'exécution en sera surveillée par les procureurs impériaux des tribunaux de première instance des domiciles des notaires.

Art. XI. Le conservateur des Archives pourra, lorsque les minutes des actes d'un notaire y seront déposées, faire telles recherches et délivrer telles expéditions ou extraits sur papier timbré, qui lui seront demandés par les parties contractantes, leurs ayants droit ou héritiers et toute autre partie intéressée, en se conformant aux lois, de la même manière et sous la même responsabilité que les lois françaises imposent aux notaires eux-mêmes.

Art. XV. Les amendes encourues par les notaires pour contravention aux règlements des Archives seront versées dans la caisse de ces établissements. — La condamnation en sera prononcée par le tribunal de première instance de la résidence du notaire, à la réquisition du procureur impérial, sur les mémoires qui lui seront remis par le conservateur des Archives.

Art. XVII. Quant aux actes antérieurs au 25 février 1809, les notaires demeureront assujettis à toutes les obligations qui leur étaient imposées par les anciens règlements, et le conservateur des Archives pourra les astreindre, par toutes les voies de droit, à s'y conformer dans un délai qui ne pourra être moindre de deux, ni excéder six mois.

Art. XIX. Les employés de la régie de l'enregistrement pourront faire aux Archives telles recherches et se faire délivrer telles expéditions qu'exigera le bien du service.

Art. XX. Les Archives établies à Florence et à Sienne seront administrées par deux conservateurs nommés par l'empereur et assermentés par devant la Cour d'appel. Un caissier sera établi auprès de chaque conservateur pour recevoir et payer les sommes revenant aux Archives et dues par elles,....

« Art. XXII. Tous les traitements seront payés par la caisse des Archives et subsidiairement par celle de la régie de l'enregistrement. Si la recette excède la dépense, le produit en sera versé annuellement dans la caisse de l'enregistrement.

Art. XXIII. Les droits qui seront perçus par les Archives seront : 1° les droits de recherche, à raison de 25 centimes pour chaque titre ou contrat, plus 25 centimes pour chaque dix années de date des titres recherchés ; 2° le droit de *visa annuel* des répertoires, à raison de 5 francs pour chaque notaire ; 3° les droits d'exhibition aux Archives, lesquels sont fixés à 1 franc pour les actes entre vifs, plus un demi-franc pour les actes donnant lieu au droit proportionnel sur la perception faite par le receveur de l'enregistrement, et à 3 francs pour les dispositions de dernière volonté ; 4° les droits d'expédition des titres et testaments déposés aux Archives à raison de 75 centimes par rôle, le timbre non compris ; 5° Enfin le droit pour les certificats négatifs des testaments ou autres dispositions à cause de mort, à raison de 2 francs pour chaque certificat. — Tous autres droits demeurent supprimés.

Art XXIV. Les règlements de classification et distribution intérieure des Archives, et notamment des dispositions relatives à la tenue des répertoires des actes entre vifs et testaments, seront maintenus et observés comme du passé, sauf les modifications qui seraient apportées par le règlement énoncé à l'article XXI. »

Voyez aussi le Répertoire méthodique et alphabétique de législation, de doctrine et de jurisprudence, par Dalloz, t. v, p. 201.

L'Art de l'Archiviste françois, par l'auteur des avis et mémoires (Carpentier), Paris, in-12, 1769, ne nous apprend rien d'intéressant sur les Archives antérieures à 1790. L'auteur cependant remarque (p. 23) « que, au moyen de l'arrangement fait (dont le décret du 5 septembre 1810 consacre de nouveau toutes les obligations pour les notaires), surtout en raison de la distance qui sépare les deux dépôts des Archives des contrats, aussi à cause du choix que l'on a fait de leur établissement dans des lieux isolés, enfin par les précautions les plus scrupuleuses pour en éloigner tous les accidents qui peuvent arriver par le feu, » la Toscane possède, par duplicata et en forme authentique, tous les actes les plus intéressants, pour la société ; et que, si un des dépôts était enveloppé dans un incendie, la société n'en souffrirait point. — Un si utile exemple nous paraît plus que jamais utile à rappeler, en raison même de la dispersion et de l'incurie avec laquelle les registres des notaires sont conservés en France : le décret de 1810 ne pourrait-il pas servir de base à la fondation d'un dépôt analogue ?

Dans un autre ouvrage dont voici le titre : *Le Livre des seigneurs où le papier terrier perpétuel, qui indique la manière de renouveler les terriers et de les rendre utiles à perpétuité pour la conservation des droits de la seigneurie*, (par Clément), in-4°, Paris, MDCCLXXVI, on trouve également de précieux renseignements sur l'utilité des papiers terriers, leur origine et leur confection, des notions sur le domaine et les censifs, sur *l'arrangement des titres d'un chartrier*, sur les extraits d'actes du domaine, d'actes féodaux, des aveux rendus par les seigneurs, et aussi sur la conservation *des minutes des notaires et des pièces du greffe*, qui sont encore de nos jours en si mauvais état. Les cueilloirs, l'arpentage des seigneuries, la reconnaissance des titres des vassaux et censitaires, la réception de leur foi et hommage, les aveux, dénombrements et déclarations, la confection des aveux que le seigneur rend au souverain, etc., sont également traités dans cet ouvrage, qui peut être d'une réelle utilité pour un Archiviste et lui servir de guide en bien des circonstances, au sujet de toutes les questions féodales qui y sont traitées.

ARCHIVES COMMUNALES.

INTRODUCTION HISTORIQUE.

Les premières lettres patentes qui constituaient officiellement l'Archiviste des communes se trouvent textuellement ci-dessus, p. LV. Pendant la durée du XVIIIe siècle, le gouvernement prescrivit, à six reprises différentes, aux villes, bourgs et communautés du royaume de rédiger l'inventaire de leurs Archives, et d'en faire même le récolement annuellement. « La plupart des villes ont conservé ainsi « les registres des statuts municipaux, remontant d'ordinaire au « XIIIe siècle, et ceux des délibérations du corps municipal remon- « tant souvent au XVIe. » (*Rapport au Roi.*) Amiens et Abbeville possèdent toute leur histoire municipale jusqu'au XIIe siècle (1); bien d'autres cités pourraient en dire autant, si elles s'étaient imposé la dépense nécessaire pour la conservation de leurs Archives.

Les Archives Communales étaient dans un ordre parfait avant l'année 1790. En général, la commune, se tenant sur une défensive perpétuelle à l'égard de son seigneur, avait besoin de ses papiers. Le nouveau régime les respecta beaucoup plus que ceux qui provenaient des établissements supprimés à cette même époque; et comme la commune devenait dès lors le centre principal de l'ad-

---

(1) Un travail de classement et d'inventaire a été fait en 1840, par MM. Louandre père et fils, aux Archives d'Abbeville. C'est un service réel qui a été rendu à cette ville par son bibliothécaire et par son fils, l'un et l'autre honorablement connus dans les lettres savantes.

ministration, on augmenta successivement les Archives, en ordonnant d'y déposer une certaine nature d'actes anciens ou modernes. La loi du 5 novembre 1790, qui réglait le mode de publication des lois du royaume, porte, article 4 :

« Le Ministre de la justice fera imprimer autant d'exemplaires de
« chaque loi qu'il en sera nécessaire pour les envois à faire tant aux
« corps administratifs de département et de district, qu'aux tribu-
« naux de district.

« 8. Il sera, en même temps, envoyé à chaque administration
« de département plusieurs exemplaires de la loi, non timbrés ni
« certifiés par le Ministre de la justice, lesquels seront incessam-
« ment adressés par l'administration de département à celles de dis-
« trict qui lui sont subordonnées, après que la première aura préa-
« lablement vérifié et certifié sur chaque exemplaire qu'il est con-
« forme à celui qu'elle a reçu timbré et certifié par le Ministre.

« 9. Les administrations de district feront transcrire sur leurs
« registres et déposer dans leurs Archives toutes les lois qui leur
« seront envoyées, etc.

« 10. Les administrations de département feront imprimer des
« exemplaires de chaque loi, tant en placard qu'en in-4°, et les en-
« verront, sous ce double format, aux administrations de district,
« pour être adressées par celles-ci aux *municipalités* de leur ressort,
« après qu'elles auront certifié, etc.

« 11. Les administrations de district feront, dans le plus bref
« délai, ces envois aux *municipalités* ; celles-ci dresseront procès-
« verbal sur leurs registres de la réception de chaque loi, et ras-
« sembleront *en forme de registre*, tous les six mois, ou au plus tard
« à la fin de chaque année, toutes les lois qu'elles auront reçues. »

Bientôt après, une loi du 17 juillet 1793 (29 messidor an I), qui supprimait sans indemnité toutes redevances ci-devant seigneuriales et droits féodaux, même ceux conservés par le décret du 25 août 1792, ordonnait encore, article 7 : « Les ci-devant seigneurs, les feudis-
« tes, commissaires à terrier, notaires ou tous autres dépositaires
« de titres constitutifs et récognitifs de droits supprimés par le pré-
« sent décret, ou par les décrets antérieurs rendus par les assem-
« blées précédentes, seront tenus de les déposer, dans les trois mois

« de la publication du présent décret, au greffe des munici-
« palités. »

L'année suivante, une nouvelle loi, en date du 8 pluviôse an ii
(27 janvier 1794), ordonnait un rapport sur la confection d'un grand
livre des propriétés territoriales, faisait défense d'insérer dans les
actes aucune clause ou expression tendant à rappeler le régime féodal
ou nobiliaire, ou la royauté ; mais elle maintenait en même temps,
à la mairie, tous les papiers qui y avaient été déposés en vertu d'ordres antérieurs.

Nous avons imprimé (ci-après p. 2) le texte de l'article 31 de la
loi du 21 fructidor an iv (7 septembre 1796), ordonnant la remise, aux communes et aux cantons, des titres déposés aux districts
qui peuvent les concerner. Elle fut complétée par l'arrêté des consuls,
en date du 17 ventôse an viii (8 mars 1800), relatif à l'établissement des préfectures (voyez ci-après, p. 165).

L'autorité gouvernementale, qui venait de reconstituer plus éner-
giquement l'administration publique, ne devait pas laisser son œuvre
inachevée, et la première magistrature de la cité reçut aussi son organisation spéciale. Elle fut déterminée par un arrêté en date du
19 floréal an viii (9 mai 1800), rendu sur le rapport du Ministre de
l'Intérieur, le conseil d'État entendu. (Voyez ci-après, p. 166, ce
qui concerne les Archives.)

Huit jours après, un autre arrêté du 27 floréal an viii (17 mai 1800),
relatif aux collections de lois qui existaient aux secrétariats et aux
greffes des administrations et tribunaux supprimés, accordait une
part de ces collections aux Archives des mairies, en vertu de son
article 2, ainsi conçu :

« Dans les communes actuellement chefs-lieux de sous-préfecture,
« sur les trois collections recueillies par l'administration municipale,
« le commissaire et le secrétaire, deux seront remises au sous-
« préfet (1); le maire conservera la troisième pour son usage.

---

(1) Les sous-préfectures devraient donc posséder ces collections. Sont-elles
encore conservées complètes, et inventoriées ainsi que le prescrivent les règlements ?

« Art. 3. Dans les chefs-lieux de canton autres que ceux qui sont
« à présent chefs-lieux de sous-préfecture, une collection restera à
« la disposition du maire ; le sous-préfet disposera des deux autres
« collections en faveur des maires des deux communes les plus
« populeuses dont il enverra la liste au Ministre de l'Intérieur. »

Enfin, un décret impérial du 12 juillet 1807, que l'on trouvera ci-
après (p. 167), complète la série des actes mis en vigueur par la République et par l'Empire, au profit des Archives Communales de France.
Il fut suivi des lois et instructions que l'on trouvera également reproduites textuellement (p. 170 et suiv.), et qui font foi des louables efforts tentés par le gouvernement pour mettre de l'ordre dans les Archives des mairies.

Quoique profondément persuadé que « les Archives Communales
« contenaient aussi, avec une partie essentielle des trésors de notre
« histoire, les titres de nos richesses matérielles, des déclarations
« de leur actif et de leur passif à diverses époques, des états de
« leurs biens, droits et usages communaux, d'un grand secours en
« matières judiciaires pour la défense des intérêts des communes
« (*Rapport au Roi*, p. 9), » le gouvernement avouait cependant,
en l'année 1841, « qu'il n'avait pu réunir que des renseignements
« rares et incomplets, » en ce qui concerne les Archives Communales ; mais « qu'en faisant, d'après le peu que l'on connaissait alors,
« l'appréciation de ce qui était encore inconnu, on devait entrevoir
« sous quels rapports ces Archives sont importantes, et jusqu'à quel
« point elles méritent d'être soumises à une exploration générale et
« entretenues en bon état par une exacte surveillance. Car tout dépôt
« de ce genre contient, indépendamment des titres anciens, les
« registres des délibérations et actes du corps municipal, les regis-
« tres de l'état civil, les pièces de propriété ou de procédure concer-
« nant les intérêts et l'administration de la commune. — Dans quel-
« ques départements, notamment l'Arriége, l'Aube, l'Eure, la Sarthe,
« le Tarn et Vaucluse, les Archives locales avaient été explorées par
« les soins de l'autorité préfectorale, ou en vertu de votes spéciaux
« des conseils généraux. Dans le Nord, une mission permanente
« avait été donnée, pour cette exploration, à l'Archiviste départe-
« mental, revêtu du titre d'inspecteur des Archives Communales. »
(*Rapport au Roi*, p. 12 et 13.)

Telles étaient les faibles améliorations obtenues, en l'année 1841, dans le service des Archives Communales. On pouvait les résumer ainsi : 168 inventaires d'Archives envoyés à la préfecture de la Haute-Saône, 47 à celle de Lyon, 5 à celle de Seine-et-Marne, dont l'examen fut remis aux soins de la Commission des Archives près le ministère. Ce fut alors que cette Commission émit le vœu (3 mars 1842); que le Ministre fît préparer une circulaire aux préfets, qui rappelle-rait les principales obligations des maires à l'égard des Archives Communales, et donnerait à ces derniers, pour les guider dans les opérations de la mise en ordre, une méthode précise et simple, ac-compagnée d'un cadre de classement. Les dispositions de cette cir-culaire, qui devaient être insérés dans les Recueils imprimés des actes administratifs de toutes les préfectures, et dont l'exécution devait être recommandée à la sollicitude des préfets, pouvaient, pensait-on, avoir une grande efficacité pour remédier à l'état déplorable dans lequel se trouvaient alors les Archives Communales.

Le vœu exprimé par la Commission fut réalisé par ses propres soins : elle rédigea et discuta tous les paragraphes de la circulaire du 16 juin 1842, que l'on trouvera ci-après à sa date, p. 172.

Mais la Commission, informée que le préfet de l'Isère avait fait transporter les Archives de chaque commune au chef-lieu de leur arrondissement respectif, pour y être mises en ordre, blâma cepen-dant cette mesure. Elle ne lui sembla pas entièrement exempte d'in-convénients, bien que le préfet ne se fût déterminé à cette rigueur qu'après avoir épuisé tous les autres moyens de persuasion en son pouvoir, afin de faire comprendre aux maires de son département qu'il y avait urgence de classer et d'inventorier les papiers des municipalités. Quel travail est-il résulté de ce transfèrement des Archives Communales de l'Isère au chef-lieu d'arrondissement? C'est ce que nous n'avons pas pu constater. Les Archives ont-elles été rétablies régulièrement, et sans dommage pour les pièces qui les composaient, ou bien sont-elles encore dans les cartons des sous-préfectures? Toutefois, la Commission resta toujours fidèle à ce précé-dent administratif, et dans ses délibérations elle n'a admis que comme une exception volontaire, le dépôt au *chef-lieu du département* de toutes les chartes, priviléges et papiers antérieurs à 1790, et après avoir reçu de l'Archiviste un inventaire régulier et certifié, pour que le maire soit toujours en mesure de réclamer communication des titres qui concernent sa commune. (Voy. p. 187.)

Dans les instructions dont nous parlons, et qui portent la date du 16 juin 1842 (p. 172), le Ministre disait encore aux préfets : « La bonne conservation des Archives Communales est au nombre des objets les plus importants confiés aux soins des autorités municipales. Cependant, l'état de ces Archives est, en général, peu satisfaisant. Dans un grand nombre de mairies les papiers sont entassés sans précaution aucune, exposés à toutes les causes de destruction. Cet état de choses fâcheux a donné lieu à de nombreuses réclamations. Des titres anciens, le plus ordinairement sur parchemin et dont l'écriture ne peut être déchiffrée que par des personnes exercées à la lecture de ces sortes de documents, ont été considérés comme inutiles; on les a égarés ou même vendus. Cette conduite est d'autant plus répréhensible qu'on ignore l'étendue des pertes auxquelles on s'est exposé. »

Quelques conseils généraux de département votaient parfois, il est vrai, dès cette époque même, des allocations destinées à faire visiter, sous la direction des préfets, les Archives Communales, et à faire constater l'état de ces dépôts par des inspecteurs spéciaux, parmi lesquels l'Archiviste départemental était toujours désigné de préférence ; mais il n'en est pas moins vrai que la mise en ordre des Archives Communales ne fit pas grand progrès jusqu'en l'année 1850, malgré le concours dévoué de quelques membres des conseils généraux, qui, d'après des instructions émanées du Ministère de l'Intérieur, s'étaient cependant chargés de visiter les Archives Communales de leur arrondissement, de recommander aux maires la mise en ordre de tous ces papiers, ainsi que de les faire promptement inventorier.

Plus que jamais persuadé que « tout corps, toute institution, toute « autorité doit chercher à conserver et à classer les titres, les actes, « les décisions qui consacrent ses droits et ses attributions, ou qui con- « cernent les intérêts, publics ou privés, placés sous son patronage » (*Rapport au Roi*, p. 3), le gouvernement se résolut enfin à adopter des mesures énergiques, afin de sauver ces documents précieux de la négligence de la plupart des maires.

Le conseil d'État élaborait alors la loi municipale, et il parut opportun d'y faire insérer une disposition coercitive, en ce qui concerne les Archives Communales, analogue à celle que la loi du 10 mai 1838 a accordée au gouvernement pour assurer la conservation des Archives Départementales.

Le sous-secrétaire d'État de l'Intérieur adressa alors au Ministre un Rapport fort circonstancié, qui a été imprimé et distribué au conseil d'État, et dans lequel se trouve admirablement résumée la situation réelle des Archives Communales en 1850. Nous le reproduisons textuellement.

« Les Archives Communales renferment un grand nombre de « titres et de documents historiques d'un haut intérêt. Les mesures « prises par l'administration pour en obtenir le classement et l'in- « ventaire, seul moyen d'en assurer la conservation, n'ont produit « que des résultats insuffisants. Depuis le 16 juin 1842, date des « instructions ministérielles à ce sujet, jusqu'à nos jours, c'est-à- « dire dans un intervalle de plus de sept années, les Archives de « 14,279 communes seulement, sur 36,819, ont pu être classées. « C'est à peine 35 pour cent. Le classement n'a été complétement « terminé que dans 3 départements ; il est fait à moitié dans 26 « autres ; il est à peine commencé dans 57. Treize préfectures n'ont « adressé aucun rapport depuis 1844, malgré les pressantes sollici- « tations de vos prédécesseurs.

« Les préfets sont unanimes, dans leur correspondance, à attri- « buer l'insuccès de leurs efforts pour obtenir la mise en ordre des « Archives Communales, à la force d'inertie des administrations « locales, quelquefois à un mauvais vouloir formel inspiré, sans « doute, par un sentiment exagéré de l'indépendance du pouvoir « municipal vis-à-vis de l'autorité supérieure.

« Or, Monsieur le Ministre, la loi n'a donné au gouvernement « aucun moyen de vaincre les résistances qu'il rencontre, sous ce « rapport, dans l'accomplissement d'une œuvre éminemment natio- « nale : la préservation et la mise en lumière des matériaux de « notre histoire.

« En présence de cette impuissance, il a dû se contenter de don- « ner aux maires, par l'intermédiaire des préfets, des instructions « détaillées sur le meilleur mode de classement, et les inviter à faire « dresser des inventaires destinés à être déposés en double aux Ar-

« chives Départementales. Il a, en outre, chargé l'autorité préfecto-
« rale de veiller, dans la limite de son autorité, à l'exécution de ces
« instructions.

« L'envoi de l'Archiviste du département dans les communes pour
« vérifier l'état de leurs Archives, en provoquer, en diriger le classe-
« ment, et, au besoin, pour y procéder lui-même quand elles au-
« raient une certaine importance historique, paraissait être le moyen
« le plus sûr d'atteindre le but désiré. Mais il ne pouvait être pris
« qu'avec l'assentiment des conseils généraux, auxquels il était né-
« cessaire de demander une allocation pour défrayer l'Archiviste de
« ses dépenses de voyage. Cette allocation n'a été votée que dans un
« très-petit nombre de départements, et il est regrettable d'être
« obligé de dire que, dans ces mêmes départements, le défaut pres-
« que absolu de concours de la part des maires n'a pas permis à
« l'Archiviste de la préfecture d'accomplir sa mission.

« Aussi, tous les renseignements transmis à l'administration s'ac-
« cordent-ils à peindre sous le plus fâcheux aspect les Archives
« Communales. Déposées sans ordre, dans des locaux humides, ou
« confondues avec les papiers personnels du maire, là où la mairie
« est au domicile de ce magistrat ; ouvertes à tout le monde, privées
« des soins d'entretien les plus indispensables, elles sont exposées à
« toutes les chances de destruction possibles, et il n'est pas douteux
« que l'action du temps et de graves infidélités n'y aient causé des
« dommages irréparables.

« Le ton général de la correspondance préfectorale à ce sujet est
« assez fidèlement reproduit dans l'extrait suivant d'une lettre du
« préfet du Lot, du 15 janvier 1850. La question dont je vais
« avoir l'honneur de vous entretenir y est, d'ailleurs, nettement posée :
.... « L'état des Archives Communales appelle l'attention
« sérieuse de l'administration. Elles sont généralement, dans mon
« département, à la merci du premier venu. Aussi y retrouve-t-on
« à peine quelques numéros du Bulletin des Lois et du Recueil des
« actes administratifs de la préfecture. Les documents importants,
« tels que les délibérations, les arrêtés, les actes de l'état civil, etc.,
« présentent de nombreuses lacunes. Enfin, l'abandon de ces Ar-
« chives est tel, que les particuliers qui sont ou prévoient devoir être

« en contestation avec les communes, peuvent facilêment, surtout
« s'ils sont influents ou font partie du conseil municipal, soustraire
« les titres qu'elles possèdent et qui pourraient déposer contre eux.
« Récemment, mon prédécesseur s'est trouvé dans la nécessité d'in-
« viter impérativement un ancien adjoint à restituer aux Archives de
« sa commune, avec laquelle il était en procès au sujet de la pro-
« priété d'un terrain communal, des titres qui en avaient disparu
« depuis longtemps.

« Mes devanciers, frappés de cet état de choses et désireux de le
« faire cesser, invitèrent les maires, à diverses reprises et avec
« instance, à prendre des mesures de conservation et à faire con-
« naître l'état de leurs Archives au moyen d'inventaires. Mais leurs
« efforts furent vains. Sur 311 communes dont se compose le dépar-
« tement, 5 seulement ont envoyé des inventaires. Pensant, avec
« raison, qu'ils obtiendraient des résultats plus satisfaisants par l'en-
« voi dans les communes d'agents spéciaux salariés, ils réclamèrent
« des allocations du conseil général ; mais elles furent refusées par
« cette assemblée, malgré des instances pressantes renouvelées pen-
« dant trois sessions consécutives.

« L'administration préfectorale découragée et ne pouvant, d'ail-
« leurs, demander une allocation au Ministre, dut se résigner à lais-
« ser l'abus se perpétuer. »

« L'administration antérieure à 1789, Monsieur le Ministre, avait
« été plus prévoyante ; elle s'était montrée plus soucieuse de la con-
« servation des monuments écrits de notre histoire. Un arrêt du Con-
« seil du 26 février 1743 avait prescrit, notamment, que le « récole-
« ment des titres, papiers, enseignements et autres actes déposés dans
« les Archives et greffes des villes et communautés serait fait, tous
« les ans, sur l'inventaire, et qu'un double de ce récolement demeu-
« rerait entre les mains du maire, tandis que l'autre serait remis au
« secrétaire greffier. » (Voyez p. LV.) Le même arrêt ordonne « qu'à
« chaque changement de greffier ou secrétaire, par mort, résignation
« ou autrement, il doit être fait inventaire ou description, en pré-
« sence du procureur du Roi de la communauté, de toutes les
« minutes, registres, titres et papiers étant aux Archives, pour être
« remis en la garde de son successeur. »

« L'administration actuelle restera-t-elle en arrière de mesures
« aussi tutélaires ? Continuera-t-elle d'abandonner à l'incurie des
« magistrats municipaux des Archives quelquefois précieuses pour
« l'histoire locale et générale, et toujours importantes pour la bonne
« gestion des intérêts communaux ?

« On avait pensé que les villes profiteraient de la faculté qui leur a
« été donnée, par les instructions ministérielles, de déposer dans le
« local des Archives de la préfecture leurs pièces et titres les plus
« importants, dont il leur serait délivré gratuitement copie. L'avan-
« tage qui devait en résulter pour elles était évident : elles étaient
« ainsi dispensées d'affecter à la garde de ces papiers un local spé-
« cial, de faire des frais de classement et d'inventaires, et d'occuper
« un employé aux expéditions. Ces considérations n'ont pu triompher
« de la crainte injuste de voir absorber par la préfecture une pro-
« priété communale, et les vieilles antipathies du pouvoir local
« contre le pouvoir central ont achevé de paralyser les sages inten-
« tions de l'administration.

« La Commission des Archives Départementales et Communales,
« consultée à ce sujet, a pensé, à l'unanimité, qu'il y avait lieu,
« Monsieur le Ministre, de vous entretenir d'un état de choses qui lui
« paraît réclamer un prompt remède. Je suis, en outre, l'interprète
« des vœux d'un grand nombre de préfets, en vous disant que le
« moment est venu d'armer l'administration des mêmes moyens
« coercitifs, en ce qui concerne les Archives Communales, que la loi
« du 10 mai 1838 lui a donnés pour assurer la conservation des
« Archives Départementales.

« Ces moyens résulteraient d'une disposition à insérer dans la nou-
« velle loi municipale qu'élabore, en ce moment, le conseil d'État,
« d'après laquelle les frais de conservation des Archives Communales
« seraient obligatoires ; c'est-à-dire que, faute par les conseils mu-
« nicipaux de voter à leur budget le crédit nécessaire à cette dé-
« pense, il y serait inscrit d'office par les préfets.

« Mais il y a lieu de se demander comment ces magistrats pour-
« raient évaluer une pareille dépense, quand ils seraient appelés soit
« à l'inscrire d'office aux budgets communaux, soit à vérifier si le
« crédit voté est suffisant ; c'est ce que je vais examiner.

« Le principe de la dépense obligatoire une fois décrété par la loi,
« il est évident que le crédit à voter par chaque commune ou à in-
« scrire d'office à son budget devra être en rapport, d'une part,
« avec ses ressources , de l'autre, avec l'importance et l'état d'en-
« tretien de ses Archives. Le préfet devra donc avoir la connaissance
« de ces deux faits : ressources municipales; état et valeur histo-
« rique des Archives.

« Pour le premier, pas de difficultés, ce magistrat ayant tous les
« éléments de la situation financière des communes de son départe-
« ment. Il en est autrement pour le second, puisque, d'après le ré-
« sumé statistique que j'ai donné au commencement de ce Rapport,
« l'autorité préfectorale manque de renseignements sur les Archives
« des deux tiers environ des communes. Il s'agit donc de savoir
« comment elle pourra se les procurer.

« Deux moyens se présentent :

« Le premier consisterait dans un redoublement de zèle et d'acti-
« vité de sa part pour obtenir directement des maires des 22,540 com-
« munes qui n'ont pas classé leurs Archives, l'envoi, sinon d'un
« inventaire détaillé et rédigé conformément aux instructions, au
« moins une sorte de relevé général et sommaire qui suffirait au pré-
« fet pour en apprécier l'importance et l'état. Dans ce but, il serait
« nécessaire que ce magistrat, au lieu de procéder, comme par le
« passé, par voie d'avis insérés dans le *Recueil des actes adminis-*
« *tratifs*, qui n'est pas toujours lu, se mît en correspondance directe,
« personnelle, nominative, avec les maires. Il faudrait, en outre, que
« les sous-préfets et, sur leur demande, les divers agents de l'admi-
« nistration, les percepteurs, les voyers, les instituteurs, intervins-
« sent auprès de l'autorité municipale. Il serait encore possible d'as-
« socier aux efforts de l'administration les juges de paix , les mem-
« bres des sociétés savantes des départements, les membres des
« Comités historiques, les correspondants du Ministère de l'Instruc-
« tion publique , toutes les personnes, enfin, qui comprendraient que
« la conservation des Archives Communales est un intérêt tout na-
« tional.

« Si, contre toute prévision, le concours de tant de bonnes volontés
« venait à échouer, les préfets pourraient faire un nouvel appel aux

« conseils généraux, et solliciter encore une allocation spéciale pour
« l'envoi de l'Archiviste du département dans les communes. Et peut-
« être cette tentative serait-elle plus heureuse que par le passé.
« Comment, en effet, ces assemblées ont-elles généralement justi-
« fié jusqu'à ce jour leur refus d'inscrire une pareille dépense au
« budget départemental ? Par cette considération : « *Le désordre* des
« Archives Communales *est trop grand* pour qu'il puisse y remédier
« par une mesure transitoire, c'est-à-dire par l'envoi, une fois pour
« toutes, d'agents spéciaux. D'un autre côté, si la mesure devait
« devenir permanente, si la mission de ces agents devait devenir
« périodique, la dépense serait une trop lourde charge pour les
« finances départementales. »

« Eh bien ! si le principe de la dépense obligatoire était inscrit
« dans la loi, si, le service des Archives Communales étant ainsi
« assuré, les préfets pouvaient dire aux conseils généraux : « Nous
« venons vous demander une allocation qui sera la première et la
« dernière, et qui a pour but de nous mettre à même de régler, en
« connaissance de cause, la dépense de conservation des Archives
« des communes, dépense à laquelle vous ne contribuerez en rien, »
« il est probable que la majorité voterait l'allocation demandée.

« Une fois les préfets en mesure de proportionner la dépense
« aux ressources des communes et à l'importance de leurs Archives,
« le nouveau service communal fonctionnerait sans difficultés sé-
« rieuses.

« Toutefois, il est facile de comprendre qu'il ne produirait tous les
« résultats désirés qu'à la condition d'être soumis à une inspection
« sévère. Cette inspection, créée par le préfet, devrait être pério-
« dique pendant un certain temps, c'est-à-dire pendant toute la durée
« de la période de classement et d'inventaire ; plus tard, elle n'aurait
« lieu qu'à des intervalles plus ou moins considérables, selon les
« besoins qui se révéleraient.

« Les frais de l'inspection des Archives Communales seraient
« acquittés sur le fonds des cotisations municipales. Il suffirait
« pour cela que le Ministre de l'Intérieur se concertât avec son col-
« lègue des Finances pour que cette dépense nouvelle fût ajoutée à la
« nomenclature de celles qui sont actuellement payées sur ce fonds.

« On sait qu'il se centralise à la caisse du receveur général et
« qu'emploi en est fait sur mandat des préfets.

« Dans le cas fort rare où des communes pauvres, n'ayant d'au-
« tres ressources que leurs centimes additionnels, posséderaient de
« riches Archives, cette circonstance serait prise en considération
« par les préfets dans la distribution du fonds commun des amendes
« de police correctionnelle.

« L'inspecteur, qui serait très-probablement l'Archiviste du dé-
« partement, aurait pour mission de vérifier, d'une part, si les
« maires font réellement emploi du crédit affecté aux Archives de
« leurs communes; de l'autre, si les travaux de classement s'effec-
« tuent conformément à la méthode prescrite par les instructions
« ministérielles. Un double des inventaires, au fur et à mesure de
« leur confection, serait transmis à la préfecture. L'Archiviste du
« département aurait ainsi, dans un temps donné, une sorte de
« répertoire général des Archives Communales, qui serait pour lui un
« sujet d'études intéressantes et lui faciliterait souvent le moyen de
« combler de regrettables lacunes dans les Archives Départemen-
« tales. En cas de découverte de pièces historiques d'un grand
« intérêt, il en transmettrait l'analyse au Ministre de l'Intérieur, et,
« quand cela serait possible, une copie qui serait déposée aux Ar-
« chives nationales.

« La mesure de l'inspection serait complétée par l'envoi au préfet,
« soit annuel, soit à chaque renouvellement du personnel de l'auto-
« rité municipale, du procès-verbal de récolement des Archives de
« la commune; disposition empruntée à l'arrêt du conseil de 1743,
« qui a été en vigueur jusqu'en 1789, et que pourrait reproduire un
« règlement d'administration publique.

« Si l'on se demande par qui le classement et l'inventaire seront
« effectués, il est facile de répondre que, dans les communes rurales,
« le travail pourra être confié à l'instituteur primaire, qui réunit
« ordinairement à ses fonctions celles de secrétaire de la mairie.
« Des instructions détaillées, claires, parfaitement à sa portée, éma-
« nées de la préfecture, faciliteront, d'ailleurs, sa tâche ; et, dans
« le cas où quelques pièces lui paraîtraient ne pouvoir trouver place
« dans les classifications indiquées par ces instructions, il en serait

« référé à l'Archiviste départemental, chef naturel du service des
« Archives Communales.

. « Quant aux communes urbaines, elles auraient à leur disposition
« tous les moyens d'obtenir, sans un sacrifice sensible, un classe-
« ment régulier et méthodique de leurs Archives.

. « Je n'ai pas besoin de vous faire remarquer, Monsieur le Ministre,
« que cette vaste opération, dont on ne saurait trop apprécier les
« résultats dans l'intérêt de la science historique et de la bonne ges-
« tion des intérêts communaux, serait dirigée par l'administration
« centrale, aidée des lumières et de la haute expérience des mem-
« bres de la Commission permanente des Archives Départementales
« et Communales.

« Si vous croyez devoir adopter, Monsieur le Ministre, les idées
« que je viens de développer dans ce Rapport, je vous prierai de
« vouloir bien ordonner qu'il soit communiqué au conseil d'État
« pour être soumis à la Commission de cette assemblée chargée de
« préparer la nouvelle loi départementale et communale. »

Cette proposition rencontra quelque opposition, fondée sur ce
que la législation actuelle armait l'autorité supérieure de pouvoirs
suffisants pour obtenir la conservation des Archives Communales,
comme de toute autre propriété communale; qu'il pourrait y avoir
des inconvénients à déclarer *obligatoire*, en des termes absolus, la
dépense des Archives Communales, et à forcer ainsi tous les ans les
conseils municipaux de toutes les communes, sans exception, à
voter, ou les préfets à inscrire d'office aux budgets communaux,
pour cette dépense, un crédit qui diminuerait d'autant les allocations pour des services de première nécessité; enfin, que si le Corps
législatif repoussait cette disposition, ou telle autre du projet de loi
sur le même sujet, l'effet de ce rejet serait funeste en ce qu'il
désarmerait plus complétement que jamais l'administration vis-à-vis
de l'autorité communale.

. Il est vrai de dire qu'il ne s'agissait pas seulement de la conservation des Archives Communales, mais bien aussi de les classer et
de les inventorier, opérations qui seules pouvaient assurer leur conservation; et que les préfets ne devaient porter d'office, en cas de
refus des conseils municipaux, au budget communal, qu'un crédit

en rapport avec l'importance des Archives, et sans que ce crédit fût de nature à grever les finances municipales.

La Commission des Archives, consultée, émit le vœu que l'attention du Ministre de l'Intérieur fût appelée sur le déplorable état des Archives Communales et sur la nécessité d'aviser aux moyens de le faire cesser; sur l'inexécution de l'article 15 de la loi du 18 juillet 1837 (voir ci-après, p. 169) et de l'arrêté du 19 floréal an VIII (ci-après, p. 166), relatifs au récolement de tous les papiers municipaux, à chaque renouvellement de l'autorité municipale; sur l'importance qu'il y aurait à obtenir que les Archives municipales fussent enfermées dans des armoires fermant à clef (voir ci-après un modèle d'armoire, p. 176), et classées dans des logettes en bois avec étiquettes; sur l'utilité des inventaires qui seuls pouvaient préserver les anciens titres contre des chances de pertes provenant de détournements. Enfin, adoptant les conclusions du rapport et prenant en considération : 1° l'analogie de cette dépense avec celles qui sont déjà obligatoires, telles que les frais de conservation des plans cadastraux, des matrices de divers impôts, du *Bulletin des Lois;* 2° que, d'après la nouvelle loi, les maires devaient se succéder rapidement dans l'administration des intérêts communaux, la Commission fut d'avis que le Ministre demandât l'insertion dans ce projet de loi d'une disposition à peu près ainsi conçue : « Seront obligatoires les dépenses « d'entretien et de conservation des Archives Communales que le « Ministre de l'Intérieur aura déclarées telles. »

Mais la loi communale ne fut pas portée au Corps législatif, et aucune mesure nouvelle ne fut adoptée. Espérons encore que le *temps viendra.*

Aussi, en l'année 1851, l'administration centrale demandait encore aux préfets « dans quelle commune de leurs départements on avait « pris des mesures pour la conservation et la mise en ordre des Ar- « chives; si on avait eu soin, par la voie du *Recueil des actes ad- « ministratifs,* d'adresser aux maires des recommandations réitérées « et des cadres d'inventaire tout imprimés (circ. du 16 juin 1842) ; « quel était le nombre d'inventaires transmis à la préfecture;—si la « Commission instituée pour examiner ces inventaires s'était occupée « de ce travail; quel était le nombre de ces inventaires qui avaient

« nécessité des rectifications; quelle commune avait envoyé des titres
« anciens pour être déchiffrés par l'Archiviste ou pour rester en dé-
« pôt dans les Archives Départementales ; enfin si les Archives Com-
« munales avaient été visitées ? » Les réponses furent peu satisfaisantes.
Et un sous-secrétaire d'État de l'Intérieur exprimait alors l'opinion
qu'il fallait que des agents bien accrédités pussent aller visiter les
Archives Communales et obtenir des administrateurs des ressources
nécessaires pour la mise en ordre et le classement des Archives.

Les Archives Communales restèrent donc dans cet état déplorable
jusqu'en l'année 1853, que de nouvelles instances furent faites auprès des préfets par l'administration centrale. Un bureau spécial
pour diriger le service des Archives venait d'être créé par M. le comte
de Persigny, ministre de l'intérieur, des inspecteurs généraux furent
institués et le Ministre leur donna des instructions spéciales pour
étudier avec attention l'état des Archives et surveiller l'exécution
des mesures prescrites par son administration.

Les Archives des communes ne furent donc point oubliées. En même
temps, avec l'autorisation du Ministre, quelques communes prirent,
sur le produit des amendes de police, la somme nécessaire pour faire les
frais de la rédaction d'un inventaire régulier. Des préfets refusèrent
d'ordonnancer l'indemnité des secrétaires de mairie qui négligeaient la
mise en ordre des papiers administratifs et d'en envoyer l'inventaire.
D'autres, enfin, demandèrent à des conseils municipaux d'accorder
annuellement une somme en rapport avec leurs revenus, pour servir
à indemniser la personne chargée par le préfet de classer les Archives de la commune. Plusieurs conseils municipaux accordèrent aussi
une indemnité de quelques francs par chaque jour consacré par
l'agent du préfet à la mise en ordre des Archives. Il serait fort à
désirer que cette dernière mesure fût appliquée dans toutes les communes : ce ne serait qu'une dépense temporaire de peu d'importance,
bien des communes rurales pouvant faire classer leurs Archives en
quatre à cinq jours, si l'agent du préfet est une personne qui a les connaissances spéciales nécessaires à ce genre de travail. Dès que les Archives seraient en bon ordre, cette dépense cesserait de droit. Les préfets
pourraient autoriser l'inscription successive de cette somme au bud-

get communal, selon la situation financière de chaque commune. Ajoutons toutefois que l'ancienne Commission des Archives s'était réservé de désigner au Ministre, sur la proposition du préfet, les personnes chargées d'inspecter et d'inventorier les Archives Communales. Le décret de décentralisation rend cette formalité inutile : c'est aux préfets et sous-préfets à choisir avec discernement les personnes à désigner par eux.

Avec l'agrément du Ministre de l'Instruction publique, on usa de l'intervention des inspecteurs des écoles primaires, si habituellement en rapport avec les maires des communes rurales, et ils furent chargés de préparer, moyennant indemnité, les inventaires des Archives.

Enfin, le Ministre de l'Intérieur prescrivit d'intéresser plus directement les conseils généraux au bon ordre et à la conservation des Archives, en accordant annuellement une somme, même peu importante, destinée à indemniser de ses frais de route l'Archiviste départemental, auquel on confierait l'inspection des Archives municipales.

Les conseils généraux comprirent aussi toute l'importance qu'il y avait pour les Archives de leur arrondissement d'être mises en ordre ; et en 1854, vingt conseils accordèrent une indemnité de déplacément à l'Archiviste nommé inspecteur des Archives Communales. Aujourd'hui, on compte 40 Archivistes départementaux qui sont en même temps inspecteurs des Archives Communales.

Cette dernière mesure a produit les meilleurs résultats partout où elle a été adoptée, et l'administration centrale ne cesse de la recommander comme le plus sûr moyen d'arriver à faire classer et inventorier les Archives Communales, tant que la loi municipale ne contiendra pas, comme la loi relative aux conseils généraux, un article spécial relatif aux Archives Communales.

Cependant, comme les Archives Communales sont assimilées aux richesses mobilières de la France, et que les lois de finance exigent qu'il en soit dressé des inventaires réguliers, il y a lieu de penser que les conseils municipaux ne doivent pas se refuser à voter les dépenses nécessaires pour accomplir cette obligation, et qu'ils n'hésiteront même pas à faire rédiger cet inventaire par une personne capable, quoique étrangère à la mairie, si aucun des employés de cette administration ne peut en être chargé.

Déjà cette nécessité de rédiger des inventaires, reconnue par l'administration municipale, a produit son effet, et de nombreux inventaires sont parvenus au Ministère de l'Intérieur; des conseils municipaux de villes importantes se sont décidés à confier, soit à des érudits de la localité, soit à des élèves de l'École des Chartes, le travail demandé par le Ministre. Des extraits de ces inventaires, pour la partie des documents antérieurs à 1790, ont été déposés à l'administration centrale.

Afin de constater régulièrement ces utiles résultats, des tableaux statistiques, conformes à celui qui suit, ont été adressés aux préfets, il y a quelques années.

ARCHIVES COMMUNALES.

DEPARTEMENT.	NOMBRE DES COMMUNES		
	ayant transmis à la préfecture l'inventaire de leurs Archives.	retardataires.	du département.

Ce travail a constaté qu'en 1851 il était déjà parvenu aux préfets 19,896 inventaires sur 36,835. Il en restait donc encore 16,939 à produire ; mais depuis neuf années de nouveaux inventaires ont encore été rédigés, et il serait utile, peut-être, d'en constater aujourd'hui exactement le nombre.

En 1857, des instructions nouvelles ont été aussi adressées aux préfets pour la mise en ordre des dépôts composés d'un grand nombre de documents antérieurs à 1790 (ci-après, circ. du 25 août 1857); le service des Archives Communales a donc été bien sensiblement amélioré depuis quelques années, et de nouveaux succès peuvent encore être espérés.

Enfin, l'inspection annuelle des Archives des villes les plus importantes, confiée à trois inspecteurs généraux, a donné aussi d'excel-
lents résultats. On a lu dans les journaux la nouvelle de la découverte
récente, dans un grenier de la mairie de Moissac, de toutes les
chartes anciennes de l'abbaye de ce nom, et il y en avait plus de
douze cents.

Mais une mesure administrative, qu'il nous semble utile de recommander à MM. les préfets, est celle de la surveillance de la vente
des papiers inutiles et de rebut des Archives Communales. Cette
opération est soumise aux mêmes règles que celles qui se font au
chef-lieu du département en ce qui concerne la vente et la mise au
pilon. C'est un agent du domaine qui doit recevoir livraison sur inventaire de ces papiers, et opérer la vente après autorisation ministé-
rielle préalable obtenue. Le versement du produit connu de la vente
doit être fait à la caisse municipale. Ces formalités n'ayant pas été
remplies, en 1851, à la préfecture de la Seine, pour la portion de papiers inutiles qui provenaient de l'administration communale dont elle
réunit exceptionnellement les attributions à celles des affaires départementales, le Ministre des Finances fit l'objet d'une réclamation de
ce défaut de formalité, tout en reconnaissant que son administration
n'avait point d'intérêt à ce que ses préposés fussent appelés à procéder à la vente des papiers inutiles. Cette règle devrait être suivie
rigoureusement par MM. les maires, afin d'éviter des ventes de papiers qui offrent encore de l'intérêt au point de vue de l'administration ou de l'histoire et de la statistique, ainsi que cela a eu lieu, il y
a quelques années, dans une ville du département de Seine-et-Marne,
dont les Archives pouvaient offrir un intérêt exceptionnel à cause de
la situation particulière de cette cité. L'administration municipale ne
doit donc pas perdre de vue qu'elle est soumise aux lois de 1807 et
1817 et à l'ordonnance du 14 septembre 1822 (voy. p. 169), en ce
qui concerne les Archives Communales.

L'intérêt des sciences historiques n'est pas seul en cause dans
cette question de conservation, de mise en ordre et d'inventaire des
documents ; les plus graves questions de propriété publique ou privée,
les droits de l'État, des départements et des communes, le régime
des lois et des eaux courantes, les droits d'usage et de pâturage

reposent aussi sur des titres anciens qu'il suffit de retrouver et de produire à propos pour éviter des procès ruineux (1). Les Archives Communales peuvent donc fournir des documents sur toutes les questions administratives et judiciaires, sauvegarder de nombreux intérêts, confirmer des droits utiles, des possessions contestées; ces Archives Communales sont réellement des dépôts d'utilité publique, méritent l'attention de tous et surtout la surveillance et la protection incessante de l'autorité publique.

---

(1) On lit dans le rapport du préfet d'Indre-et-Loire, adressé au conseil général au mois d'août 1854 :

« Grâce à une modeste pièce en papier, conservée aux Archives d'Indre-et-« Loire, la commune d'Huisme a pu gagner, l'année dernière, un procès qui du-« rait depuis dix années, et dans lequel il s'agissait de biens communaux d'une « grande valeur. »

Dans le département du Pas-de-Calais, le rapport du préfet au conseil général constatait au contraire, en 1856, « qu'en dehors des dépôts publics, l'on remarquait encore des registres anciens, des documents curieux. Souvent dilapidées, les Archives ont fait des pertes regrettables : tel plan important pour la commune a été égaré et ne se trouve que chez un des parents du maire; tel registre de confrérie ou de corporation est entre les mains de l'ancien mayeur, qui n'en a nul soin.

« Les visites de l'Archiviste, inspecteur des Archives Communales, ont fait rentrer dans les dépôts publics des titres précieux. Je citerai, par exemple, la commune d'Achiet-le-Petit, etc. »

ARCHIVES DES ÉTABLISSEMENTS HOSPITALIERS.

INTRODUCTION HISTORIQUE.

Les principes de charité ont été largement pratiqués en France de tous temps et sous tous les régimes ; les rois de la première et de la seconde race les inscrivaient dans leurs lois encore barbares, avec non moins d'empressement que les assemblées législatives modernes. La classe nobiliaire a consigné dans des chartes et autres actes authentiques, qui existent encore en grand nombre, les souvenirs de ses libéralités envers les classes malheureuses.

Mais il ne faut pas en conclure que ceux qui ne possédaient ni fiefs, ni seigneuries importantes, et qui n'appartenaient ni à la classe nobiliaire, ni au clergé, pratiquaient pour cela avec moins d'empressement la charité à l'égard des pauvres ; les documents constatant leurs donations ne sont malheureusement pas arrivés jusqu'à nous. La charité ne s'exerçait pas, du reste, exclusivement par de pompeuses fondations d'hospices et de maisons de refuges : on distribuait aussi des aliments, de l'argent, des vêtements de la part de simples particuliers, qui avaient légué des revenus spécialement affectés à ce genre de secours. D'autres personnes, enfin, exerçaient l'hospitalité sur une échelle plus ou moins vaste et se conformaient en ce point aux ordonnances et aux capitulaires des rois de France.

Un savant inspecteur général des établissements de bienfaisance nous a conservé, en tête de son précieux recueil ayant pour titre : *Législation charitable* (1), l'indication exacte de toutes les lois promulguées sous la première et la seconde race des rois de France en

____

(1) Un volume grand in-8°. Paris, Cotillon, 1847.

faveur des classes souffrantes. Nous empruntons à ce remarquable travail, publié par M. le baron de Wateville, la liste chronologique suivante des lois anciennes qui accordaient aide et protection aux pauvres et aux indigents de la France :

« En 549, le concile d'Orléans défend d'aliéner les biens des hos-
« pices ; sage disposition que nous verrons constamment reparaître :
« Nous approuvons la fondation d'un hospice, faite dans la ville de
« Lyon, par le pieux roi Childebert et son épouse. Que les revenus
« de cette fondation ne soient jamais diminués, pour quelque cause
« que ce soit ; et que celui qui lui enlèverait une partie de ses biens
« soit frappé d'anathème, comme meurtrier des pauvres. »

« Une institution tout à fait nouvelle, et qui devait opérer une ré-
« volution dans le caractère de la bienfaisance publique, s'introduisit
« dans la législation, près d'un demi-siècle après la mort de Clovis :
« nous voulons parler du principe remarquable, reconnu et admis
« encore de nos jours dans presque tous les États européens, et qui
« met les pauvres à la charge des communes. Que chaque cité, dit
« le concile de Tours, en 567, nourrisse d'aliments convenables les
« pauvres qui y sont domiciliés, suivant l'étendue de ses ressources ;
« que les prêtres et les autres citoyens y contribuent, afin que les
« pauvres ne se rendent pas dans les autres localités. »

« Quel que fût le dévouement général du clergé, il est dans la na-
« ture des choses humaines que l'abus suive inévitablement l'usage.
« De graves abus se glissèrent donc dans l'administration des institu-
« tions charitables : on en reconnaît les traces dans la décision du
« concile de Vienne, qui transfère aux laïques, à charge d'en rendre
« compte aux évêques, l'administration des hospices et hôpitaux,
« *attendu que les ecclésiastiques convertissaient en bénéfice à leur*
« *profit, les donations faites aux établissements charitables.* Plus
« tard, le concile de Tours confirma cette décision.

« En 630, Dagobert rend un édit pour défendre de mettre en es-
« clavage tout homme libre, quoique pauvre, *à moins que, par un*
« *acte spontané, il ne fasse abandon de sa liberté.* Le même roi
« prescrit à ses officiers de veiller à ce que les pauvres ne restent
« pas sans être protégés par la loi et à ce qu'ils ne souffrent aucun
« dommage.

« De cette époque jusqu'au règne de Charlemagne, aucune loi ne
« nous paraît mériter une mention particulière, sauf peut-être une
« décision du concile de Nantes, sous Clovis II (658), qui prescrit
« aux ecclésiastiques de partager avec les pauvres les dîmes et les
« offrandes qu'ils reçoivent des fidèles. Les canons sacrés, dit le con-
« cile, ont réglé comment les ecclésiastiques doivent disposer de ces
« dîmes et offrandes. Un quart est destiné aux fabriques des églises,
« un autre quart appartient aux pauvres, etc.

« Enfin, nous arrivons au règne de Charlemagne. Ses capitulaires
« témoignent hautement d'une sollicitude aussi éclairée qu'attentive
« en faveur des pauvres, et leurs dates successives attestent une vi-
« gilance qui ne se relâchait point :

« En 779, il prescrit aux évêques, abbés et abbesses de nourrir
« jusqu'à la moisson quatre pauvres.

« En 789, il ordonne de faire porter dans les églises les pauvres
« qui gisent sans asile sur les places publiques. Il veut également
« que les pauvres, les voyageurs et les étrangers reçoivent des se-
« cours réguliers et canoniques.

« En 793, les hôpitaux sont déclarés par lui établissements
« royaux ; il se réserve de désigner les personnes qui doivent les
« diriger, et il veut que dans ces établissements les pauvres soient
« traités aussi bien que les localités le permettent.

« En 800, les évêques sont chargés de veiller sur les biens des
« pauvres. Il veut (en 801) que nul ne puisse faire la guerre aux
« pauvres et que les juges, de préférence, entendent la cause des or-
« phelins, des veuves et des pauvres.

« En 802, les pauvres, auxquels l'Empereur accorde des aumônes,
« sont exempts du service militaire.

« En 805, renouvellement de l'édit de Dagobert de 630, qui défend
« d'opprimer les pauvres.

« En 806, les mendiants doivent être secourus par leur paroisse ;
« défense de leur faire l'aumône partout ailleurs. Charlemagne re-
« nouvelle dans ce capitulaire les prescriptions du concile d'Orléans
« de 549.

« De 806 à 814, ce monarque défend aux hospices et hôpitaux de
« vendre, d'aliéner leurs immeubles, soit maisons, champs, jardins,

« contrats de rentes, biens de ville ou de campagne. Il défend même
« de laisser prendre hypothèques sur ces immeubles et de les enga-
« ger par contrats emphytéotiques. Les acquéreurs de ces biens se-
« ront tenus de les restituer avec tous les bénéfices qu'ils ont pu
« faire pendant le temps de leur possession. L'administrateur qui a
« consenti à ces aliénations sera destitué. Le notaire qui en a fait les
« actes doit être exilé ; les magistrats qui les ont reçus et les officiers
« qui les ont fait enregistrer ou qui les ont approuvés perdent non-
« seulement leur emploi, mais encore toutes leurs dignités.

« Ce monarque, en vertu de la pragmatique-sanction promulguée
« par lui, se réserve de changer un immeuble contre un autre im-
« meuble. Les dispositions vraiment remarquables de ces capitu-
« laires ont été conservées ou renouvelées en partie dans les lois ac-
« tuelles. Il est, certes, permis de s'étonner de trouver tant de pré-
« voyance et d'humanité dans les lois d'une époque regardée à juste
« titre comme barbare.

« Après la mort de Charlemagne, la lumière prématurée qu'il avait
« fait briller s'éteignit peu à peu dans les déchirements auxquels la
« France fut en proie sous ses tristes successeurs ; ce qui explique
« et justifie la lacune qui existe dans la législation charitable de cette
« époque, lacune de près de quatre siècles, et que ne remplissent
« pas quelques sages ordonnances de Louis le Pieux et des conciles,
« derniers efforts dus au mouvement que ce roi s'était efforcé d'im-
« primer aux esprits.

« Ainsi, en 816, sur la demande de Louis le Pieux, le concile
« d'Aix-la-Chapelle dressa un règlement ainsi conçu : Les évêques
« établiront un hôpital pour recevoir les pauvres, et lui assigneront
« un revenu suffisant aux dépens de l'Église. Les chanoines y don-
« neront la dîme de leurs revenus, même des oblations, et un d'en-
« tre eux sera choisi pour gouverner l'hôpital, même au temporel.

« Louis le Pieux, en 829, renouvela l'ordre à tous ses officiers de
« veiller à ce que les pauvres ne fussent pas maltraités.

« Cette même année, le concile de Paris recommande au roi
« d'examiner lui-même la cause des pauvres, *de crainte que ceux*
« *qu'il a nommés pour remplir ce devoir, ne les laissent op-*
« *primer.*

« Le sort des pauvres était alors des plus horribles ; le clergé lui-
« même pouvait à peine subvenir à ses besoins. La famine, les ma-
« ladies contagieuses, en désolant la France, paralysaient la charité
« publique, et sans doute alors les lois protectrices rendues par Char-
« lemagne en faveur des paroisses furent, ainsi que les autres, trop
« souvent muettes ou violées. »

Pendant les premières années des règnes de la troisième race de
nos rois, la guerre était partout : les populations s'égorgeaient mu-
tuellement et les seigneurs féodaux se disputaient le territoire de la
France.

Cependant, au milieu de cette lutte acharnée, on peut encore reconnaître que les idées de l'assistance du fort à l'égard du faible et
du riche à l'égard de l'indigent étaient très-vivaces en France et
très-habituellement mises en pratique dans toutes les classes de la
société. Les monarques qui occupèrent successivement le trône royal
ne cessaient de recommander très-particulièrement à leurs sujets,
riches ou pauvres, d'offrir l'hospitalité selon leurs moyens. Il n'était
pas permis alors de refuser aux voyageurs le couvert, le feu et l'eau :
cet usage était incontesté, et déjà on voyait se multiplier les maisons
féodales surmontées d'un heaume en signe de l'accueil bienveillant
qui était accordé aux voyageurs.

Les rois de France ne cessèrent de donner l'exemple de toutes les
vertus hospitalières, et parmi eux, le roi Robert est plus particulièrement cité pour sa libéralité à l'égard des pauvres. Il maintint avec
beaucoup de soin tous les impôts favorables aux classes souffrantes.
Dans ce nombre, nous ne devons pas oublier le droit d'écuelle, établi par son père et confirmé par Robert en 990. Cet impôt se levait,
à Poissy et dans les environs, au profit des indigents, sur toutes
sortes d'objets donnés, vendus ou échangés par le roi, ses vassaux et
ses sujets laïques ou voués au sacerdoce. Louis le Jeune, l'un des
successeurs de Robert, établit aussi cet impôt à Corbeil, en 1173,
et il est permis de penser qu'il continua d'être levé partout où le
roi l'avait autorisé, car, à une époque bien rapprochée de notre
temps, nous trouvons encore les archers de l'écuelle en plein exercice de leurs fonctions, et à Paris elles entraînaient l'obligation d'ar-
rêter les mendiants pour les conduire dans un hospice spécialement

affecté à cette classe de malheureux, dont le nombre allait toujours croissant dans la capitale de la France.

Le clergé avait aussi organisé très-largement l'hospitalité dans ses maisons conventuelles, et une dépendance des abbayes, des prieurés et même de quelques pauvres ermitages, était toujours consacrée à recevoir les voyageurs riches ou pauvres. Une salle spéciale appartenait de droit aux malades qui étaient soignés aux dépens de la maison religieuse. De là vint la création de l'aumônerie des monastères; et nous trouvons parmi les serviteurs chargés directement de la charité et de l'hospitalité, le *famulus major* faisant des distributions aux pauvres; le portier de l'aumônerie, les *familiares*, les sœurs servantes, les prévôts, les procuratrices, les maîtresses, etc., qui partageaient avec le *famulus* ce même office de charité selon l'organisation de la maison. Enfin les prébendiers, ou pauvres valides entretenus par les monastères, et chargés de rendre quelques services, sont aussi mentionnés parmi les distributeurs des aumônes dans les maisons religieuses.

Quant aux communes, dès qu'elles furent constituées, elles pensèrent également aux indigents, et des articles spéciaux de leurs franchises sont consacrés à pourvoir aux premières nécessités des classes souffrantes. Du Cange nous dit même que, dans certaines communes, il fut établi une taxe par charrue au profit des pauvres. Dans toutes les villes, certains impôts pourvoyaient à l'assistance des malheureux.

On appelait alors *fief et aumônes* les dons faits par les rois ou les seigneurs à la charge d'assistance des pauvres.

Rien n'indique donc que les secours consacrés aux indigents pendant les premiers siècles de l'Église fussent moins abondants; mais le clergé exécutait-il encore cette loi de l'année 658, prescrivant de consacrer en aumônes un quart du revenu des maisons conventuelles? C'est ce que les documents du temps ne nous disent pas.

L'administration d'un hospice appartenait ordinairement au fondateur; il pouvait la déléguer de son vivant ou après sa mort. L'hospice était ou non soumis à l'autorité de l'évêque, de l'abbé, du consul. Mais, dans bien des pays, les fondateurs d'hospices devaient obtenir préalablement la sanction royale, même dans certaines villes appartenant à un suzerain laïque ou bien d'église. Cependant, le seigneur avait toujours le droit de démolir un hospice en temps de guerre, et la commune souveraine, sur son terrain, agissait comme le seigneur. Toutefois, la multiplicité des intérêts opposés qui s'agitaient sur un même terrain, rendait toute concession, promesse ou autorisation susceptible de nombreuses contestations, à moins qu'on n'eût mis d'accord les différents personnages qui avaient, ou qui prétendaient avoir des droits seigneuriaux. Il n'était pas toujours facile de concilier toutes leurs prétentions.

Si l'hospice voulait s'entourer d'une enceinte fermée de murs, avec une ou plusieurs portes d'entrée ; avoir sa chapelle avec ou sans fonts baptismaux ; un cimetière, une cloche, le droit de célébrer certains offices, etc., tous ces priviléges soulevaient à juste titre les susceptibilités du clergé voisin, dont la chapelle nouvelle devait amoindrir le casuel. Mais, l'enceinte fermée de murs entraînait souvent un droit d'asile. Dès lors, l'ouverture de nombreuses portes créait des priviléges nuisibles aux droits seigneuriaux, surtout si elles donnaient accès sur une route ou sur une rue importante.

En effet, le droit d'asile, cette tradition de l'antiquité classique, dont la primitive Église s'était emparée, avait reçu une consécration efficace du temps : l'enceinte des églises, celle des hospices, et bientôt après un certain espace de terrain autour de l'une et de l'autre, devinrent des espèces de forteresses impénétrables à la justice seigneuriale. Les maisons des évêques, les abbayes, les cimetières, les croix érigées sur les grands chemins, participèrent ensuite à ce privilége toujours respecté, mais incessamment agrandi par l'habileté cléricale. Saint-Julien d'Auvergne, Saint-Martin de Tours, Saint-Hilaire de Poitiers, Saint-Etienne de Bourges possédèrent des asiles qui acquirent une célébrité des plus grandes, à cause de leur inviolabilité. Les conciles du xiᵉ siècle reconnurent et consacrèrent également ce droit ; mais il ne fut jamais accordé avec une plus grande libéralité qu'à la ville de Paris, qui comptait plusieurs *terres* de divers quartiers jouissant du droit d'asile.

Les abus suivirent de près la reconnaissance du privilége ; les criminels, les contrebandiers et les marchandises qu'ils importaient trouvaient dans ces lieux une retraite assurée et à l'abri de tout danger. Pour amoindrir ces abus créés par une immunité si importante, il fut d'abord permis de faire garder les environs des asiles, et on reconnut qu'on ne devait plus y nourrir les criminels (1). Les chartes de communes consacrèrent cependant encore l'inviolabilité du droit d'asile, et des ordonnances royales de 1320, 1350, 1351 et 1365 l'admirent également (2). Toutefois, à l'époque où Beaumanoir écrivait ses *Coutumes du Beauvoisis* (fin du xive siècle), il nous apprend qu'on admettait déjà quelques exceptions à cette règle pour les crimes de sacrilége, de meurtre en lieux saints, pour les notoirement robeurs, les incendiaires, les arracheurs de vignes, etc. La *Somme rurale* de Bouthilier, le *Coutumier général* constataient aussi ces nombreuses exceptions au droit d'asile dès le xve siècle. Enfin, les seigneurs pensèrent à s'enquérir des maisons hospitalières ou des églises qui possédaient réellement le droit d'asile en vertu de concessions régulières, afin d'avoir l'occasion de le contester aux établissements qui ne justifieraient pas de titres authentiques. Durant le règne du roi Charles VII, un grand nombre d'hospices et de monastères perdirent la faculté d'exercer le droit d'asile, et ce privilége disparut entièrement vers le milieu du règne de François Ier.

Les chapelains des rois de France exerçaient une certaine surveillance sur l'administration des hospices, et ils distribuaient la part qui revenait à chacun de ces établissements dans les aumônes royales. Saint Louis confia à son chapelain le soin de présider à la construction de l'hospice qu'il fonda près de son palais de Fontainebleau, et à celui des pauvres aveugles de Paris (les Quinze-Vingts), que le roi eut tant de peine à achever, malgré l'admirable pensée qui avait dirigé cette dernière fondation, et le concours souvent renouvelé des papes et des indulgences plénières. Le nombre des personnes préposées au service d'un hôpital était déterminé par le fondateur, et il n'existait pas de règles bien fixes à ce sujet. Les fondations d'hospices furent très-nombreuses du xie au xve siècle, et une simple nomenclature des établissements créés au profit des malheureux,

---

(1) Ordonnances du roi de 1304 et de 1368 (Recueil des *Ordonnances*).
(2) Priviléges des années 1356, 1358 et 1367 dans les Ordonnances des rois de France.

occuperait de nombreuses pages. Nous ne pouvons donc que renvoyer à un volume spécial que nous avons publié recemment sur les
*Travaux de construction d'utilité publique ou privée au moyen
âge* (1), et dans lequel nous avons rappelé un grand nombre de ces
créations nouvelles dues à la libéralité particulière des seigneurs.

Quant à la législation alors en usage pour les hospices, rappelons
que le saint roi, dans ses *Établissements*, promulgués en 1270, prescrivait que : « Tout fainéant qui, n'ayant rien et ne gagnant rien,
fréquentait les tavernes, serait arrêté, interrogé sur ses facultés, banni
de la ville s'il était surpris en mensonge et convaincu de mauvaise
vie. » Il est clair que cet article était dirigé non contre la pauvreté,
mais contre la mendicité qui s'efforçait, comme toujours, de se substituer à elle.

La *Législation charitable*, publiée par M. le baron de Wateville,
nous donnera encore des dates précises sur les principales mesures
adoptées en faveur des pauvres durant les xive et xve siècles :

« Quelques ordonnances, telles que celle de 1308, de Philippe le
« Bel, pour régler en faveur des pauvres la vente des denrées sur
« les marchés de la ville de Paris, celle de 1344, de Philippe VI, qui
« exempte les acquisitions faites par les hôpitaux des droits imposés
« sur ces acquisitions, n'apportèrent aucun remède à la misère et
« aux maux qu'elle entraîne à sa suite.

« Mais la célèbre ordonnance de Jean II, en 1350, est le monu-
« ment le plus complet et le plus curieux de la législation relative
« aux pauvres. Les principales dispositions proscrivent impérieuse-
« ment l'oisiveté, et la mendicité sa compagne obligée : « Voulons que
« les gens sains de corps s'exposent à faire besogne de labeur, en
« quoy ils peuvent gaigner leur vie ou vuident la ville de Paris...
« dedans trois jours après ce cry ; et si après lesdits trois jours, ils
« sont trouvés oiseux ou jouant aux dèz, ou mendiant, ils seront
« pris et mis en prison, au pain et à l'eau, et ainsi tenus l'espace
« de quatre jours ; et quand ils auront été délivrés de ladite prison,
« s'ils sont trouvés oiseux, ils seront mis au pilory, et la tierce fois
« signés au front d'un fer chaud. . . . . »

---

(1) *Droits et usages*, p. 166. Un volume in-8, chez Leleux, éditeur de la *Revue
Archéologique.*

« Il y a dans cette ordonnance une autre disposition très-remar-
« quable pour le temps : elle défend de faire l'aumône manuellement « aux gens sains de corps et aux gens qui peuvent besogne faire; « mais à gens aveugles, malaignes ou impotents. C'est la première « fois que cette défense paraît dans nos lois. Toujours renouvelée « depuis et toujours violée, elle semble, malgré sa prudente sagesse, « s'opposer vainement aux penchants les plus nobles et les plus doux « de l'âme.

« En 1364, une ordonnance de Charles V rappelle aux avocats et « aux procureurs qu'ils doivent donner leurs soins gratuitement aux « pauvres et misérables personnes, et qu'ils doivent les *ouir dili-« gemment et les délivrer briefment*.

« Par son règlement de 1370, pour la communauté des chirurgiens « de Paris, ce même monarque leur prescrit de panser gratuitement « les pauvres qui ne seront pas reçus dans les hôpitaux.

« En 1403, Charles VI déclare, par un édit, qu'il exempte les « pauvres mendiants de l'*Aide* qu'il faisait lever pour soutenir les « frais de la guerre contre les Anglais. Cette charité semble assez « superflue.

« En 1524, arrêt du parlement qui ordonne que les remparts de « Paris soient relevés par les pauvres valides, afin de leur faire « attendre, en venant à leur aide, les résultats de la moisson.

« François Ier, qui a beaucoup fait pour la législation charitable, « paraît comme fondateur des bureaux de bienfaisance, en prescri-« vant, par son ordonnance de 1536, les secours à domicile. « Les « paroisses devaient nourrir et entretenir les pauvres valides qui ont « chambres, logements ou lieu de retraite. »

« En 1543, fut promulgué un édit pour réprimer les graves abus « introduits par le clergé dans l'administration des hôpitaux. Cet « édit donne le droit aux baillis, sénéchaux et autres juges, de « surveiller l'administration des hôpitaux et maladreries, avec faculté « de remplacer les administrateurs. (Voir aussi à l'année 1545.)

« A la même époque, paraît une ordonnance qui réglemente la « communauté des pauvres de la ville de Paris. Cette ordonnance « prescrit aux évêques, aux notaires, d'engager les pénitents et les « mourants à faire des générosités à cette commuuauté, disposition

« conservée et étendue par Louis XIV dans la célèbre ordonnance
« de l'hôpital général auquel elle fut appliquée. Elle indique com-
« ment les curés doivent agir, afin de ne pas laisser ces libéralités
« occultes ; elle enjoint aux habitants, sous des peines très-sévères,
« de venir au secours de la communauté ; enfin elle veut que les
« mendiants valides soient obligés de travailler.

« En 1544, François Ier crée un bureau général des pauvres, dont
« l'administration est confiée à quatre conseillers au parlement et à
« treize bourgeois. Ce bureau avait le droit de lever chaque année,
« sur les princes, les seigneurs, les ecclésiastiques, les communau-
« tés, et sur les bourgeois et propriétaires, une taxe d'aumône pour
« les pauvres, et il y avait juridiction pour contraindre les cotisés.

« En 1545, François Ier fait enregistrer au parlement une déclara-
« tion portant l'ordre au prévôt des marchands et aux échevins de
« la ville de Paris d'ouvrir des ateliers de travail pour les mendiants
« valides, sans distinction de sexe. Elle ordonna qu'il serait notifié à
« tous les mendiants de se rendre au lieu qui serait ordonné pour
« être « employés à ces dites œuvres, aux taux et salaires qui leur
« seraient arbitrés, et ce, sous peine du fouet, s'ils étaient trouvés
« mendiants après lesdites œuvres commencées. »

« Cette ordonnance portait, en outre, « que les mendiants valides
« seraient contraints de travailler pour gagner leur vie, que chacun
« pourrait saisir ceux qui s'y refuseraient et les conduire à la justice
« la plus voisine, où ils seraient, sur la déclaration de deux témoins
« seulement, punis publiquement des verges, et, en outre, bannis
« du pays, à temps ou à perpétuité. » Par cette ordonnance qui in-
« terdit la mendicité sous des peines si rigoureuses, la condition du
« travail est enfin établie. »

En la même année 1545, une autre ordonnance de François Ier,
datée de Saint-Germain-en-Laye, le 15 janvier (1546 N.-S.), portait
encore : « Comme nous sommes duement advertis que les hopitaux
fondés en notre royaume ont été mal administrés par cy-devant, et
sont encore de pis en pis gouvernés tant par leurs administrateurs
que par les prélats de notre royaume et autres qui doivent avoir
l'œuil sur iceux, lesquels se sont efforcés et efforcent journellement vouloir appliquer à eux ou à leurs serviteurs les revenus des-

dits hopitaux fondés et en faire leur patrimoine, sous couleur qu'ils prétendent lesdits hopitaux être titulés et bénéfices en titres, en contrevenant aux saintes institutions canoniques, intentions des fondateurs d'iceux hopitaux, défraudant les pauvres de notre dit royaume de leur due nourriture; et qui plus est, laissent tomber en ruines les édifices d'iceux hopitaux et ne se soucient que de prendre les revenus d'iceux..... avous déclaré et déclarous que tout gouverneur et administrateur d'hopitaux ou autres lieux pitoyables, soient contraints par devant nos plus prochains juges des lieux mettre les comptes de revenu et administration desdits hopitaux..... et lesdits juges visiter les dits hopitaux....; mandons à nos gens tenant notre parlement qu'ils aient à procéder à la correction et réformation des malversations et désordres qu'ils trouveront être faits aux dites administrations. »

M. le baron de Wateville continue ainsi sa chronologie des actes de l'autorité souveraine relatifs aux hôpitaux :

« Le 9 juillet 1547, parut un édit de Henri II, daté de Saint-Ger-
« main-en-Laye, qui ordonna à chaque habitant de Paris de payer
« une taille et collecte particulière pour subvenir aux besoins des
« pauvres, dont le nombre, malgré les nombreux édits rendus contre
« eux, ne faisait que s'accroître de jour en jour.

« En 1551 commence à paraître la véritable taxe des pauvres,
« ébauchée par François Ier, d'abord à Paris, puis dans tout le
« royaume.

« Dans le nouvel édit, Henri II déclare que les mendiants sont
« quasi innumérables à Paris, et que « les quêtes et aumones que
« l'on devrait recouvrer par semaines en chaque paroisse sont tant
« diminuées, et s'est la charité de la plupart des plus aisés manants
« et habitants de notre ville tant refroidie, qu'il est mal aisé et im-
« possible de plus continuer l'aumone desdits pauvres que l'on a
« accoustumé leur distribuer par semaine, chose qui nous vient à
« très-grand regret et déplaisir. » Après le préambule de l'édit, le
« roi ordonne de créer des commissaires désignés par le parlement,
« à l'effet de rechercher ce que chacun voudra libéralement donner
« par semaine pour subvenir aux frais d'entretien et de nourriture
« des pauvres. Le principe nouveau de la mutualité s'introduit

« dans les statuts des confréries et des corporations d'arts et métiers,
« chacun devant soigner ses malades, secourir ses pauvres (1). »

Henri II n'oublia pas non plus les pauvres. Son ordonnance de l'année 1556 s'occupait surtout des pauvres et mendiants valides. M. de Wateville ajoute ensuite :

« Dans le préambule de l'édit de 1561 , donné par Charles IX et
« daté de Fontainebleau, le roi déclare : « Après avoir été duement
« informé en notre conseil, que les hôpitaux et autres lieux pitoya-
« bles de notre royaume ont été cy-devant si mal administrés que
« plusieurs à qui cette charge a été commise approprient à eux et
« appliquent à leur profit la meilleure partie des revenus d'iceux, et
« ont quasi aboli le nom d'hospital et d'hospitalité, etc., défraudant
« les pauvres de leur due nourriture..... Pour y remédier comme
« vrais conservateurs des biens des pauvres, nous statuons et nous
« ordonnons que tous les hospitaux, maladreries et autres lieux pi-
« toyables, qu'ils soient tenus à titre de bénéfice ou autrement,
« ès villes, bourgades ou villages du royaume, seront désormais ré-
« gis, gouvernés, et les revenus d'iceux administrés par gens de
« biens, solvables et résidents deux au moins dans chaque lieu, les-
« quels seront élus et commis de trois ans en trois ans, par les per-
« sonnes ecclésiastiques ou laïques, à qui par les fondations le droit
« de présentation, nomination ou provision appartiendra. Ces admi-
« nistrateurs seront destituables, en cas de malversation, sans pou-
« voir être continuez après lesdits trois ans. »

« L'ordonnance de Moulins, de l'année 1566, si souvent citée,
« quoiqu'elle soit, à notre avis, moins remarquable, renouvelle
« l'ordre aux villes, bourgs et villages de secourir leurs pauvres, et
« deffend à ces derniers de demander l'aumône hors du lieu de leur
« domicile ; et, à ces fins, seront les habitants tenus de contribuer à
« la nourriture desdits pauvres, selon leurs facultés, à la diligence
« des maires, échevins, consuls et marguilliers des paroisses. »

« Cette ordonnance complète l'ensemble de la législation chari-

---

(1) Les statuts des confréries contenaient déjà, dès le xive siècle, des articles spéciaux relatifs aux malades qui étaient traités à domicile, et qui même recevaient une indemnité de convalescence pendant un nombre de jours déterminé. (*Voyez Droits et usages*, p. 189.)

Archiviste.   *h*

« table que nous a léguée un de nos plus grands hommes d'État, une
« des gloires les plus pures dont s'honore la France. On retrouve
« dans ces lois justes, bienveillantes et fermes, l'homme vertueux
« qui, sur le déclin d'une vie glorieuse, pouvait dire avec un noble
« orgueil : J'ai soutenu les affligés contre ceux qui les voulaient op-
« primer, les pauvres contre les riches et les faibles contre les forts. »

L'édit de Blois de l'année 1580 s'occupait aussi des hôpitaux ; les
articles 65 et 66 enjoignent à tous les officiers, sous peine de suspension et privation de leurs états, de faire exécuter les édits relatifs aux
hôpitaux et de faire inventaire de tous les titres et enseignements
contenant sommairement et par abrégé la teneur et substance desdits
titres, lequel inventaire sera mis et déposé au greffe de notre juridiction plus prochaine, etc. — M. de Wateville ajoute ensuite :

« Marie de Médicis, méconnaissant la tendre charité de L'Hospital,
« inscrivit dans ses lois, et ordonna que les pauvres enfermés dans
« les hôpitaux y soient traités et nourris le plus austèrement possi-
« ble, et, afin de ne les plus entretenir dans leur oisiveté, qu'ils
« soient employés à moudre le blé dans des moulins à bras, scier les
« ais, brasser la bière et autres ouvrages pénibles ; et enfin qu'ils re-
« mettent le soir le prix du travail de chaque jour, autrement ils se-
« ront châtiés à la discrétion des maîtres.

« Ces remèdes violents ne détruisaient pas le mal qu'ils n'attaquaient
« pas dans sa racine, et la mendicité s'accrut de telle sorte que, moins
« de trente ans après, une véritable armée de mendiants, s'élevant à
« quarante mille environ, met le repos et la sûreté de Paris en péril. »

Ce fut contre ce mal toujours plus grand, que Mathieu Molé, procureur général du parlement de Paris, lutta avec énergie ; et il proposa
des mesures nouvelles, qui eurent au moins un succès momentané.
Dans ses *Mémoires*, que nous avons publiés pour la Société de l'Histoire de France, Mathieu Molé rappelle (t. I, p. 442 ; II, p. 297) les
mesures diverses ordonnées ou étudiées par lui, pour débarrasser
Paris des mendiants, dont le nombre allait toujours croissant. Bellièvre,
premier président du parlement, continua l'œuvre de Molé et jeta les
bases de l'édit de 1656, qui fut le premier code hospitalier complet que
posséda notre pays. Nous avons encore extrait du beau travail de M. le
baron de Wateville le fragment suivant :

Louis XIV déclare que : « l'édit du roi son père, de 1612 (relatif à la
« réformation des hôpitaux), n'a porté qu'un remède impuissant au
« mal et n'a eu d'effet, encore imparfaitement, que pendant cinq ou
« six ans, tant par le manque d'autorité nécessaire dans les adminis-
« trateurs des hôpitaux, que par le défaut d'emploi des pauvres
« dans les œuvres publiques et manufactures... Que, par suite des
« désordres et le malheur des guerres, le nombre des pauvres s'est
« accru au delà de la créance commune, et que le mal est devenu
« plus grand que le remède ; que le libertinage des mendiants est
« venu jusqu'à l'excès par un malheureux abandon à toute sorte de
« crimes.... ; qu'ils vivent dans l'habitude de tous les vices... ; c'est
« pourquoi, voulant témoigner sa reconnaissance à Dieu, pour les
« grâces, etc., par une royale et chrétienne application aux choses
« qui regardent son honneur et service..... et agissant dans la con-
« duite d'un si grand œuvre, non par ordre de police, mais par le
« seul motif de la charité, voulons, etc. »

« Enfin, la déclaration de 1662, en étendant l'ordonnance dite de
« l'hôpital général à la France entière, met encore une fois un terme
« aux désordres causés par les mendiants. Mais ces mesures, efficaces
« dans les temps ordinaires, devinrent tout à fait insuffisantes à ces
« époques désastreuses, où la misère atteignit même les classes ai-
« sées. Ainsi, les années 1699, 1700 et surtout la fatale année 1709
« revoient la misère générale. »

Quelques provinces prirent aussi, vers ce temps-là, un soin plus
scrupuleux de leurs établissements hospitaliers. La Normandie fut de
ce nombre, et un habitant de Rouen recueillit même en un volume
in-4° tous les édits, arrêts et règlements concernant la *Police générale du Bureau des pauvres valides, Hôpital général de la ville de
Rouen.* Les habitants des villes de cette généralité ont toujours apporté, plus que ceux de toutes les autres provinces, une attention spéciale à recueillir la législation concernant les pauvres de leur pays.

Du reste, plusieurs édits des rois de France Louis XV et Louis XVI
et des arrêts des cours souveraines maintinrent en vigueur, jusqu'en
1789, la législation donnée par Louis XIV.

Dès les premières réunions des assemblées délibérantes de la fin du
dernier siècle, la législation charitable prit de grandes et généreuses

proportions; mais dans les nombreuses lois qui se succédèrent, sans apporter du reste aucun soulagement réel aux grandes misères que la révolution avait elle-même créées, on trouve bien rarement des articles spéciaux, prescrivant des mesures relatives à la conservation des Archives des hospices. Et cependant, peu d'établissements anciens sont intéressés au même degré que les hospices à la conservation de leurs Archives, puisque le bien des pauvres provenant presque toujours de donations isolées, faites à toutes les époques et avec des conditions différentes, il est bien nécessaire d'en conserver les titres authentiques. Toutefois, nous avons réuni ci-après, p. 263, les articles de quelques-unes de ces lois qui peuvent intéresser les Archives des établissements hospitaliers, et qui méritent une attention particulière, puisque l'application en est encore exigée.

Le Rapport au Roi, publié en 1841, constate aussi que « les Ar- « chives des hospices, qui renferment des documents moins anciens « que celles des communes, semblent avoir été plus respectées en- « core : on y trouve, avec les titres des propriétés de ces établisse- « ments, les éléments d'une histoire du paupérisme et de la charité « publique et privée (Rapport, p. 13). » Mais, dans les Archives des établissements supprimés en 1790, il devait aussi y avoir des actes intéressants pour « les hospices et les établissements de bien- « faisance, qui, en remplacement des biens que la révolution leur « avait enlevés, en vertu de la loi du 23 messidor an II, ont obtenu « des domaines nationaux d'un égal produit (loi du 16 vendémiaire « an V), ou sur l'affectation de domaines de même origine, usurpés, « ou des rentes dont la reconnaissance et le payement avaient été « interrompus. (Loi du 4 ventôse an IX.) »

La Commission des Archives Départementales appela à plusieurs reprises l'attention du Ministre de l'Intérieur sur l'état des Archives des hospices; elle inséra même dans la circulaire du 16 juin 1842 (ci-dessus, p. 172), relative aux Archives des communes, un paragraphe spécial à ces dépôts (p. 190), dont la surveillance appartenait aux maires, en leur qualité de présidents des commissions administratives des hospices. Mais la Commission des Archives n'entreprit de rédiger des instructions spéciales pour la mise en ordre et l'inventaire des Archives des hospices qu'en l'année 1851. Elle délégua, dans sa séance du 11 novembre, à l'un de ses membres, M. Bordier, le soin de préparer un projet de cadre de classement. Le rapport de M. Bordier fut lu à la Commission le 16 février 1852, et comme ce travail résume toutes les notions que possédait alors l'administration centrale sur les Archives des hospices, nous le reproduisons textuellement :

« Il n'y a pas d'établissements en France qui aient été plus sincè-
« rement respectés, de tous temps, que nos hôpitaux. La sollicitude
« particulière qui les entoure, leur a toujours assuré la conservation
« de leurs biens et, par suite, la conservation de leurs titres. Mais les
« documents, parfois précieux, qu'ils possèdent, sont inaccessibles
« aux personnes du dehors.

« Nous en avons un exemple sous les yeux. Il existe à Paris un
« vaste local dans lequel ont été concentrés, en 1790, les papiers de
« tous les établissements de bienfaisance du département de la Seine ;
« ce sont les Archives de l'administration centrale des hospices ci-
« vils de Paris, établies au Parvis-N.-Dame. Elles sont placées dans
« les combles du bâtiment, où elles occupent cinq ou six salles ; elles
« sont en bon ordre et pourvues, dit-on, de bons inventaires ; elles
« renferment des cartulaires anciens, de belles chartes scellées qui
« remontent jusqu'au xiie siècle, et des registres de comptes qui
« commencent au règne de Philippe le Bel, et qui ont l'avantage rare
« d'offrir une suite très-complète. Cependant ces Archives, malgré
« leur situation au milieu de Paris, restent inabordables et nous sont
« à peu près inconnues (1).

« Il arrive bien rarement que les administrations elles-mêmes, ou
« leurs Archivistes, fassent connaître au public les documents qui
« leur sont confiés et se rendent de cette manière au devant des
« vœux de la Commisson. On a sans doute quelques notices sembla-
« bles au règlement de l'hospice civil de Bar-sur-Aube (in-12, 1828),
« adressé récemment à la Commission par un de MM. les Inspecteurs
« généraux des établissements de bienfaisance ; mais je ne sache pas

______

(1) Il en est encore de même aujourd'hui ; l'inventaire de ces Archives n'a pas été communiqué à l'administration centrale, qui ignore l'état réel de ce dépôt si important. L'inventaire existe-t-il réellement ? Rappelons à cette occasion que l'hospice des Quinze-Vingts est exactement dans la même situation.

« qu'il ait paru d'autre travail véritable sur ce sujet, que celui qui a
« été imprimé à Douai, en 1840, sous ce titre : *Inventaire général*
« *des chartes, titres, papiers appartenant aux hospices et bureau*
« *de bienfaisance de la ville de Douai*, par M. Brassard, secrétaire
« des hospices (1). Ce volume contient une preuve de l'intérêt que
« présentent les Archives des hôpitaux. Il se compose de près de
« 2,000 articles, et quelques-unes des pièces dont il fournit l'ana-
« lyse remontent jusqu'à la première moitié du xiiie siècle.

   « On voit dans le *Tableau général* des Archives Départementales,
« publié par la Commission, qu'une partie des documents qui appar-
« tenaient aux hospices en 1790, ont été versés dans les Archives des
« départements; mais ces versements se sont opérés sans règle, et
« jamais, je crois, d'une manière complète. C'est ce qui ressort du
« tableau suivant :

Les Archives du département du Nord contiennent 10 fonds provenant d'hôpitaux. Celles des départements ci-après :

Pas-de-Calais	7	Loiret	8
Somme	1	Loir-et-Cher	4
Oise	7	Côte-d'Or	18
Seine-Inférieure	3	Yonne	43
Calvados	2	Saône-et-Loire	17
Eure	2	Jura	3
Manche	1	Haute-Saône	3
Aube	1	Nièvre	11
Ardennes	2	Allier	2
Meuse	3	Corrèze	3
Vosges	3	Charente-Inférieure	6
Haut-Rhin	6	Puy-de-Dôme	2
Seine-et-Marne	33	Loire	3
Eure-et-Loir	18	Isère	5
Ille-et-Vilaine	28	Drôme	4
Loire-Inférieure	2	Bouches-du-Rhône	5
Côtes-du-Nord	12	Vaucluse	1
Finistère	5	Basses-Alpes	2
Sarthe	7	Haute-Garonne	14
Maine-et-Loire	1	Ariége	1
Vienne	25	Aude	3
Vendée	3	Tarn	3
Cher	4	Aveyron	2
Indre	3	Lot	21

---

(1) Depuis cette époque, l'un des administrateurs de l'hospice de Narbonne,
M. Hippolyte Faure, a publié, à ses frais, en 1855, un *Inventaire des Archives*
de cet hospice, en deux volumes in-4°, dont un spécialement consacré aux documents antérieurs à 1790.

« Les autres départements, au nombre de 34, ne renferment au-
« cun fonds analogue.

« On voit par ce tableau que plus du tiers de nos Archives Départe-
« mentales (34 dépôts) ne contiennent aucun fonds de documents prove-
« nant des hospices, et que parmi celles qui en renferment, la plu-
« part n'en ont qu'un très-petit nombre. Ainsi, les mieux partagées,
« sous ce rapport, sont celles du Lot 21, de la Vienne 25, d'Ille-et-
« Vilaine 28, de Seine-et-Marne 33, de l'Yonne enfin 43. Il n'est pas
« probable que les plus riches, même les Archives de l'Yonne, si la
« plupart des établissements de bienfaisance du département y eus-
« sent versé leurs papiers, ne continsent que 43 fonds. Le dépôt
« d'Archives des hospices de la seule ville de Douai contient les pa-
« piers de soixante établissements différents, de fondation antérieure
« à 1790.

« Si les Archives des établissements de bienfaisance sont aussi
« nombreuses, aussi riches, aussi inconnues et aussi difficiles à con-
« naître que le démontrent tous ces détails, vous voyez combien c'est
« une heureuse pensée qui a porté la Commission à s'occuper
« efficacement, pendant le cours de l'année dernière, de cette partie
« des objets dont la surveillance lui est attribuée.

« Conformément à l'avis qu'elle avait émis, ma lettre circulaire fut
« adressée du Ministère de l'Intérieur, le 3 janvier 1851, aux huit
« Inspecteurs généraux des établissements de bienfaisance, pour si-
« gnaler les Archives des hôpitaux à leur sollicitude et pour leur de-
« mander des renseignements sur l'état de ces dépôts. Deux seule-
« ment, M. de Wateville et M. Baudy de Nalèche, ont répondu dans
« le courant des mois de juin et d'août dernier, le premier, par une
« lettre, le second, par trois longues lettres dont la lecture intéres-
« sera certainement la Commission...

« Voici, pour compléter cette lecture, le résultat des renseigne-
« ments que contiennent les lettres de MM. de Wateville et de Na-
« lèche.

	VILLES.	DATES des plus anciens titres des hôpitaux de la ville.	ÉTAT MATÉRIEL DES ARCHIVES hospitalières de la ville.	ÉTAT des classements et inventaires.
INDRE-ET-LOIRE.	Amboise............	Documents anciens	Très-mauvais état.	Extrême désordre, point d'inventaires.
	Bourgueil............	Id.	Id.	Dispersées chez les particuliers; pas d'inventaires.
	Chinon............	Id.	Id.	Id.
	Loches............	Id.	Id.	Id.
	Tours............	Id.	Id,	Id.
	Nogent-sur-Seine.....	»	Détruites par l'incendie et en 1814 par l'inv.	Id. pour ce qui en reste.
AUBE............	Troyes............	Très-anciens.	Excellent état.	Archives classées et inventoriées.
	Arcis-sur-Aube......	Assez anciens.	Id. renfermées dans un meuble spécial.	Id.
	Bar-sur-Seine........	1210.	Excellent état.	Id.
	Bar-sur-Aube.........	Documents assez anciens.	Id. meuble spécial.	Id.
DOUBS............	Besançon............	Documents anciens	Id. renfermées dans une pièce voûtée, garnie en fer.	Reste à inventorier les pièces modernes.
	Beaume-les-Dames....	1504.	Id. meuble spécial.	Classées en partie, non inventoriées.
	Montbéliard..........	1595.	Id.	Déposées sans inventaire chez le receveur des contributions.
	Pontarlier............	Id.	Bon état, Id.	Classées et inventoriées, sauf les pièces modernes.
CÔTE-D'OR.....	Sémur............	XIVe siècle.	Bon état, rangées dans des cartons.	Classées, non inventoriées
	Alise............	1659.	Id., pièce voûtée, porte en fer.	Classées et inventoriées.
	Châtillon............	1666.	Id., meuble spécial.	Id. et non inventoriées.
	Dijon............	Documents anciens	Id.	On les classe et inventorie en ce moment.
	Beaune............	Id.	Id., pièce voûtée, porte en fer.	Classées et inventoriées.
	Nuits............	Id.	Id., meuble spécial.	Id.
	Auxonne............	XVe siècle.	Id.	Extrême désordre, ni classement ni inventaire.
	Saint-Jean-de-Losne..	1648.	Meuble spécial.	Désordre complet.
	Seurre............	Documents anciens	Id.	Ni classées, ni inventoriées.

« D'après tous les renseignements qui précèdent, j'ai l'honneur
« de soumettre à la Commission les propositions suivantes :

« 1° Remercier M. de Wateville et surtout M. B. de Nalèche de
« leurs communications, et les prier de vouloir bien les continuer à
« l'avenir.

« 2° Écrire de nouveau à ceux de MM. les Inspecteurs qui n'ont
« pas répondu, afin de stimuler leur bonne volonté.

« 3° Pour les Archives des hôpitaux du département d'Indre-et-
« Loire, vu qu'il y a urgence et qu'elles courent risque d'être bien-
« tôt détruites, inviter M. le préfet à les faire visiter par l'Archiviste
« de son département, après s'être entendu avec l'administration des
« hospices au sujet de l'allocation qu'elle paraît disposée à accorder
« pour le travail de classement et d'inventaire, qui serait fait soit
« par l'Archiviste, soit par des personnes capables choisies et dési-
« gnées par lui.

« 4° Pour les Archives du département de l'Aube, du Doubs et de
« la Côte-d'Or, vu qu'il n'y a point d'urgence, puisque les Archives
« des hôpitaux y sont généralement conservées avec le plus grand
« soin, décider d'attendre, avant de prendre aucune décision. La
« Commission désirera probablement faire adresser à Paris les dou-
« bles des inventaires qui existent, au moins pour ce qui concerne
« les documents antérieurs à 1789 ; mais elle jugera sans doute né-
« cessaire, avant d'entreprendre l'exécution d'un travail semblable,
« d'en faire l'objet d'une étude particulière et de recueillir d'abord
« une plus grande somme de renseignements. »

Les conclusions de ce rapport furent adoptées par la Commission,
qui émit, en outre, l'avis que le Ministre « adressât des lettres de sa-
« tisfaction aux membres de la Commission administrative qui ont
« dressé l'inventaire des Archives des hôpitaux des départements
« de l'Aube, du Doubs et de la Côte-d'Or. »

Ce ne fut que dans la séance du 17 mars 1852, que M. Bordier
proposa un cadre de classement pour les Archives des hospices.
Discuté immédiatement par la Commission, modifié sur plusieurs
points, il fut ensuite adopté pour être ultérieurement converti en
circulaire officielle. Mais ce cadre de classement était assez compliqué :
il admettait, par exemple, une double cote dans chaque série, l'une
pour les registres et volumes et l'autre pour les liasses. Les subdivi-
sions des séries devaient être cotées d'après le même système que
les fonds d'une série dans les Archives Départementales, exemples :
1 hh., 2 hh., 3 hh., 4 hh. devaient désigner les liasses relatives aux
matières ecclésiastiques en général, celles qui concernaient la chapelle de l'hospice, celles qui étaient relatives à l'aumônerie, enfin

les pièces relatives aux cimetières. Chaque pièce devait de plus avoir une cote assez compliquée, $\dfrac{3\ hh.}{1}\ \dfrac{3\ hh.}{2}$, etc.

Mais ce mode de classement, qui n'était encore qu'en projet en 1853, a été remplacé par la circulaire du 10 juin 1854 (ci-après, p. 266) adoptée par la nouvelle Commission des Archives Départementales.

Tout récemment, dans un volume que M. Bordier vient de publier sur les *Archives générales de l'Empire* (in-8°, 1855, librairie Dumoulin), l'auteur du rapport de 1852 s'exprime encore ainsi, au sujet des Archives des hospices : « La sollicitude publique a garanti la « conservation des titres des hospices, avec celle de leurs biens. « Aussi leurs Archives sont-elles riches : il n'est pas rare qu'elles « remontent au XIIᵉ siècle, et dans un grand nombre de villes elles « sont tenues avec beaucoup d'ordre ; enfin, de bons inventaires « existent pour une partie d'entre elles (p. 353). »

C'est une illusion qu'il faut malheureusement abandonner ; l'incurie a laissé s'établir le désordre, et les locaux humides et mal tenus ont occasionné bien des pertes regrettables de documents. A de bien rares exceptions, qui se trouvent surtout dans les départements du Nord et de l'ancienne Normandie, à Beaune également, les Archives des hospices sont en bon état. Partout ailleurs le désordre est général, et chose plus triste à dire, les commissions administratives n'apportent aucun empressement à faire rédiger des inventaires de leurs titres anciens. La majeure partie des inventaires parvenus à l'administration centrale étaient insuffisants. Depuis quelques années, cependant, et depuis surtout qu'une décision du Ministre, M. Billault, a classé les travaux d'inventaires des Archives parmi les dépenses obligatoires des établissements charitables, un progrès sensible dans la tenue des Archives et dans les travaux d'inventaire des hospices s'est réellement manifesté. Rappelons aussi que, dernièrement, l'administration de l'hospice de Pontoise, qui possède de riches Archives anciennes, a chargé un élève de l'École des Chartes, M. Roquin de Courtenblay, d'en rédiger l'inventaire, et que ce travail a été entièrement terminé en quelques mois. Un avenir prochain réalisera donc généralement, nous devons l'espérer, le projet poursuivi depuis si longtemps, de réunir à Paris tous les inventaires des Archives des établissements hospitaliers, surtout si **MM.** les préfets secondent de leur zèle habituel les vues de l'administration supérieure, en confiant aussi une part de surveillance de ce service aux Archivistes des départements.

L'usage a consacré le nom d'*hospice* aux établissements dans lesquels sont admis et entretenus les vieillards, les infirmes, les incurables, les orphelins, les enfants trouvés et abandonnés.

Les *hôpitaux* sont les établissements dans lesquels sont reçus et traités les indigents malades.

Un même établissement peut être à la fois hospice et hôpital.

Les *asiles* sont des maisons de convalescence pour les ouvriers, sortant des hôpitaux. Ceux qui ont été créés tout récemment par l'administration reçoivent un grand nombre de convalescents et ils occupent un vaste emplacement, l'un dans le bois de Vincennes, l'autre dans celui du Vésinet. Ils sont dans les attributions spéciales de M. Fr. Normand, qui a surveillé leur construction et installation comme délégué spécial du Ministre de l'Intérieur.

Avec ce qui est déja fait et ce qui est ordonné, on peut donc espérer, par le temps, la réalisation de toutes ces salutaires mesures conçues par l'administration centrale pour le succès de ces précieux dépôts, qui touchent à tant d'intérêts publics et privés.

BIBLIOTHÈQUES ADMINISTRATIVES.

NOTE PRÉLIMINAIRE.

Les Bibliothèques Administratives des préfectures sont de création nouvelle. Cependant ces collections auraient aujourd'hui une importance réelle, si elles avaient été commencées dès l'époque où le gouvernement fît placer sous la main de l'État toutes les bibliothèques des établissements supprimés en 1790. Ces livres furent alors donnés aux bibliothèques des villes et des districts (1), sans que l'État ait réservé, pour les administrations des chef-lieux de département, les livres administratifs qui pouvaient leur être utiles. La Commission temporaire des arts et le Comité d'instruction publique de la Convention nationale avaient compris les services que ces bibliothèques pouvaient être appelées à rendre, lorsque ces deux Commissions réunies rédigèrent des instructions spéciales, mais légèrement empreintes des idées du temps, et dont nous avons extrait, pour cette partie de notre publication, ce qui suit, concernant les Bibliothèques Administratives.

« *Dépôts littéraires.*—Les recueils de livres sont de toutes les
« richesses littéraires celles qu'on trouve partout avec le plus d'a-
« bondance. Toutes ces Bibliothèques, que le luxe des riches et l'or-
« gueil des prêtres avaient établies à grands frais, conquises par la
« révolution et réunies maintenant aux domaines nationaux, seront
« inventoriées avec soin. Les intentions de la Convention nationale

---

(1) Loi du 7 messidor an II, ci-après, p. 9. — Dans bien des préfectures, les Archivistes manquent des livres les plus nécessaires au service journalier. (Voyez p. 24.)

« sont que des personnes versées dans l'histoire de toutes les parties
« des arts, des sciences et des lettres, en fassent ensuite le triage et
« les distribuent de la manière la plus utile à l'enseignement.

« Ceux-là qui auront à leur disposition le précieux dépôt de toutes
« les pensées des hommes ne prononceront, sans doute, qu'après avoir
« réfléchi longtemps, sur le sort de cette immense collection d'écrits.
« Malheureusement, il en est peu où la vérité brille dans tout son
« jour, et il en est trop où l'on ne voit que des mensonges. Mais,
« pour bien connaître la vérité et pour s'en assurer la jouissance,
« n'importe-t-il pas aussi de savoir quelles sont les sources de l'er-
« reur, sous quelles formes elle aime à se montrer, quels procédés
« elle choisit, quelles routes elle préfère, et quelles sont celles de ses
« ruses qui ont le mieux réussi et dont les effets ont duré le plus
« longtemps ? Sous ce point de vue, il est utile de noter les ouvrages
« où les fauteurs des préjugés les plus désastreux ont réuni leurs
« moyens et consigné leurs méthodes ; de les déjouer à jamais en
« dévoilant leurs complots, et de leur porter le dernier coup avec
« les armes de la raison, dont il est enfin permis à chacun de se
« servir.

« Les commissaires chargés d'inventorier les bibliothèques y pro-
« céderont de la manière suivante..... Cette méthode, rédigée par la
« Commission des monuments, a été publiée en 1790 et 1791.
« Comme il nous a paru qu'elle ne laisse rien à désirer pour ces
« sortes d'opérations, nous l'avons adoptée, et, après y avoir fait
« quelques changements, nous la publions de nouveau dans cette
« Instruction (1)....

« *Conservation.* — Les livres et les manuscrits ont également
« besoin qu'on les préserve de l'humidité. Les tablettes sur lesquelles
« on les déposera doivent être au moins à un pied de distance du
« mur et du plancher. On ménagera des intervalles suffisants pour
« que l'air puisse circuler librement entre eux. On ne négligera aucun

---

(1) Instructions concernant la conservation des livres, etc., datées du 2 novembre 1790, signées La Rochefoucauld, G. Bouteville, Dionis, Guerle, p. 5 et
11. — Instruction sur la manière d'inventorier et de conserver, dans toute
l'étendue de la république, les livres, etc., p. 46, 47 et 58. (Voy. aussi p. LVIII
et LX.)

« des moyens connus contre les animaux rongeurs, tels que les rats
« et les souris. On enlèvera la poussière, qui favorise le développe-
« ment des insectes. Les livres que l'on saura être attaqués par ces
« animaux, seront battus avec tout le ménagement possible ; ils se-
« ront mis à l'air et exposés à la vapeur du soufre, suivant les pro-
« cédés connus. On aura grand soin de ne jamais placer de livres
« sur le plancher, et on emploiera dans leur déplacement le plus
« d'ordre qu'il sera possible, pour que les divisions déjà établies
« dans les Bibliothèques puissent subsister.

« Si les circonstances exigent qu'on place dans un seul et même
« dépôt provisoire les livres et autres effets tirés de différentes mai-
« sons religieuses, on aura soin de faire des divisions et d'indiquer
« sur chacune le nom de la maison d'où les objets sont provenus.
« Cette précaution est essentielle, surtout pour les livres, afin que
« par la suite on puisse retrouver sans peine tel livre manuscrit ou
« imprimé qu'on sait avoir existé dans telle ou telle Bibliothèque. »

A la même époque, des lois rendues successivement le 5 novembre 1790 et le 26 fructidor an II ordonnèrent le dépôt aux Archives
des chefs-lieux de département, des Recueils imprimés qui, depuis,
ont servi à former les Bibliothèques Administratives des préfectures
(voy. ci-après, p. 293). Toutefois, le premier exemple d'une Bibliothèque Administrative remonte au delà de l'année 1759. Ce fut celle que
l'on établit à la Chancellerie de France, dont un arrêt du Conseil,
rendu le 10 octobre 1788, et que l'on trouvera reproduit textuellement ci-après, p. 286, nous fait connaître le but, l'organisation et l'état
matériel à cette même époque.

Mais pour les temps modernes, dès que la Cour de cassation et le Tribunal de première instance de Paris furent constitués, ces deux corps
judiciaires voulurent avoir leur Bibliothèque spéciale ; l'ordre des avocats, selon un ancien usage, en fit autant. Au ministère des affaires
étrangères, il fut formé aussi une Bibliothèque Administrative, qui,
d'après M. Vidal (p. 159), se composait de plus de 20,000 cartes
géographiques et de quelques ouvrages précieux. Toutefois, nous ne
pouvons classer dans la catégorie des Bibliothèques Administratives,
ainsi que le fait M. Vidal (p. 16) (1), le Dépôt de la guerre, celui des

____

(1) *Essai sur les bibliothèques administratives*, in-8°, Paris, Levassor, 1843.

fortifications, le Dépôt de l'artillerie et celui de l'Hôtel des Invalides. Ce sont de véritables Archives ; mais rien n'empêcherait de compléter ces précieuses collections par une réunion de livres imprimés, tout à fait spéciale pour ces divers services, et ainsi que cela a eu lieu aux Archives générales de l'Empire (1). Rappelons cependant qu'une petite collection de livres imprimés des Dépôts des fortifications et de l'artillerie rentre dans la catégorie des Bibliothèques Administratives. Celle de l'École polytechnique, qui a plus de 26,000 volumes et un catalogue imprimé, très-bien rédigé, mérite une mention spéciale. Il en est de même de la Bibliothèque Administrative du ministère de la marine, réunion de livres utiles des plus remarquables (2); aussi sa formation remonte-t-elle à 1720 (3).

De nos jours, une décision du Ministre de la marine, du 30 décembre 1837, confirmée par une seconde du 30 octobre 1839, a établi des Bibliothèques nautiques à bord de tous les bâtiments de guerre. C'est donc le ministère de la marine qui a donné le plus de soin à la formation et au développement de ces utiles Bibliothèques, destinées à rendre tant de services à l'administration et à ses agents. Cette administration a chargé les consuls français de recueillir chez les nations étrangères les éléments d'une bibliographie maritime générale, et les Chambres, sur la demande du Ministre, avaient accordé une subvention annuelle de 30,000 francs, spécialement affectée à ces Bibliothèques Administratives.

Ce n'est donc pas sans de justes motifs, que M. Vidal, dans son *Essai sur les Bibliothèques Administratives* (in-8°, Paris, 1843), disait qu'il appartenait aux autres départements ministériels de suivre l'exemple de la marine, en plaçant sous la main des fonctionnaires et des employés les divers documents composant la législation, la jurisprudence, le droit administratif et toutes les branches qui s'y rattachent, afin de leur fournir cette instruction pratique indispensable pour le travail du cabinet et des bureaux.

« Les traditions du bureau, les précédents administratifs sont

(1) Voyez le décret organique de 1852 et le règlement général, articles 22 et 24.
(2) *Bibliothèques Administratives*, par M. Vidal, p. 25.
(3) Le catalogue de cette bibliothèque a été imprimé.

« utiles, mais ne forment pas l'instruction complète qui est nécessaire
« aux agents du gouvernement. A côté de la loi civile et de la loi
« pénale qu'ils sont appelés à appliquer, se placent la loi administra-
« tive et la jurisprudence résultant des instructions ministérielles.

« Dans les ministères, on doit donc avoir sous la main une col-
« lection des livres les plus usuels et disponibles à tout instant pour
« le service de leurs bureaux. Il faut que chacune de ces administra-
« tions ait d'abord les mêmes livres généraux , puis les livres qui
« correspondent à ses attributions et à ses travaux spéciaux (p. 3). »

L'utilité de la création des Bibliothèques Administratives paraît si
démontrée à M. Vidal, qu'il voudrait en voir établir non-seulement
dans les hautes administrations centrales de Paris , mais aussi dans
toutes les préfectures, sous-préfectures, mairies, académies, facultés,
bureaux militaires(1), administrations financières et autres établissements où l'on s'occupe des intérêts publics et privés , collectifs ou
individuels du pays, et qui ont des affaires à instruire et des décisions
à prendre. M. Vidal ajoute (p. 4) : « Le Gouvernement ne saurait trop
« conseiller et favoriser de semblables créations, qui rendent plus de
« services qu'elles ne coûtent de dépenses. Les Ministres doivent en
« surveiller la composition et l'agrandissement dans les établisse-
« ments qui sont soumis à leur direction hiérarchique.

« Quoique la nécessité des Bibliothèques Administratives soit re-
« connue, leur existence dans les grands établissements qui sont
« créés pour s'occuper des affaires du pays, n'est pas encore aussi
« générale qu'on devrait le croire. C'est à peine si ces utiles collections
« existent dans quelques ministères et dans quelques administra-
« tions publiques de Paris et des départements.

« Le Ministère de l'Intérieur, dit encore M. Vidal, possède la plus
« belle et la plus complète Bibliothèque Administrative et tout à fait
« en rapport avec les besoins et l'importance de sa vaste adminis-
« tration. Elle fut établie en l'année 1839 par M. le comte de Mon-
« talivet, ministre de l'Intérieur. »

---

(1) Cette opinion est aujourd'hui adoptée par S. Exc. M. le ministre de la
guerre, qui demande la formation de ces Bibliothèques dans toutes les villes de
garnison.

Un système régulier d'échanges de documents officiels fut établi avec les autres ministères et administrations ; des achats assez nombreux de livres furent faits, divers arrêtés furent rendus (1), et enfin on demanda aux départements toutes les publications officielles et celles d'intérêt général, qui émanaient des préfectures. A mesure qu'un livre était reconnu nécessaire, il était acheté et déposé dans la Bibliothèque Administrative et tenu à la disposition de MM. les chefs et employés, qui pouvaient le consulter aussi longtemps que les recherches l'exigeaient. Les achats de livres pour le compte particulier des bureaux, hormis dans quelques cas exceptionnels, devinrent dès lors inutiles. Malheureusement pour cette collection, les lois, règlements et instructions relatifs au dépôt légal, mal observés, ne fournissent aucun accroissement utile à cette Bibliothèque Administrative, et les ressources annuelles mises à la disposition du Bibliothécaire sont par trop insuffisantes.

Ces Bibliothèques Administratives devaient avoir un intérêt bien plus réel encore pour les préfectures et sous-préfectures, où les ressources bibliographiques sont moins nombreuses qu'à Paris. Les considérations présentées par M. le comte de Montalivet, ministre de l'Intérieur, à l'appui de cette utile création, sont reproduites dans la circulaire du 26 août 1837 (ci-après, p. 299). Un an plus tard, le même Ministre réglait la composition de ces Bibliothèques par les instructions du 30 juillet 1838, que l'on trouvera aussi p. 301. En 1843, l'article 29 du règlement général des Archives Départementales (ci-après, p. 77) rendait applicable aux Bibliothèques Administratives les mesures d'ordre et de conservation qui concernaient les Archives. Enfin, en 1857, le Ministre de l'Intérieur, par le questionnaire ci-après reproduit, p. 126, article 8, indique suffisamment que son intention est que les Bibliothèques Administratives soient placées sous la surveillance des Archivistes, et le catalogue doit en être rédigé par eux. C'est, en effet, parmi les fonctionnaires des préfectures, le plus compétent pour ce genre de travail (2).

---

(1) 21 avril 1841, 1er octobre 1842 (Vidal, p. 81).

(2) Toutefois, nous pensons comme M. Vidal au sujet du local à affecter au service de la Bibliothèque Administrative ; il doit être séparé des Archives et soumis à un règlement spécial (Vidal, p. 73).

ANNUAIRE DE L'ARCHIVISTE POUR 1860.

NOTE PRÉLIMINAIRE.

Sous le titre d'*Annuaire*, nous avons l'intention de publier tous les ans, et comme complément du *Manuel de l'Archiviste*, un cahier d'un certain nombre de feuilles, selon les circonstances, et qui contiendra :

Archives Départementales. — 1° L'état du personnel des Archivistes des préfectures, la date de leur nomination, leurs titres honorifiques, leur traitement et celui de leur adjoint, ou bien de leur auxiliaire. Enfin, la liste des ouvrages qu'ils ont publiés, principalement en ce qui concerne les Archives et l'histoire départementale.

2° Les délibérations annuelles des conseils généraux, relatives au service des Archives Départementales, Communales, Hospitalières, et aux Bibliothèques Administratives. Cependant, par exception, cette année, nous reproduisons seulement un extrait de l'*Analyse des vœux des conseils généraux des départements*, pour les années 1850 à 1859, publiée par le ministère de l'intérieur, et en ce qui concerne les Archives et les Bibliothèques Administratives, afin de constater l'état de ces deux services avant la publication de l'Annuaire destiné à le faire connaître à l'avenir. Le texte des circulaires composant le *Manuel* et les renseignements qui l'accompagnent, suffiront pour faire apprécier toutes les phases d'améliorations diverses des Archives depuis l'année 1838, époque où la loi relative aux conseils généraux a rendu obligatoire les dépenses de garde et d'entretien des Archives Départementales.

3° Les noms des départements et des arrondissements dont les Archives ont été inspectées.

4° Les nouvelles décisions, circulaires, instructions du Ministre de l'Intérieur, relatives aux Archives, ainsi que les précédents administratifs, toutes les fois que leur publication sera autorisée.

5° L'état des travaux d'inventaire exécutés dans chaque préfecture, et les découvertes de documents importants faites dans le courant de l'année.

6° Et, successivement, une *notice historique* sur chacun des dépôts d'Archives des préfectures, sur son origine, sa formation, avec la liste des collections dont il se compose aujourd'hui.

ARCHIVES COMMUNALES. — Les noms des secrétaires et des employés de mairies, ou des littérateurs chargés de rédiger les inventaires des Archives Communales. Une *notice* sur les documents les plus importants de chaque dépôt municipal destinée à en faire connaître la valeur réelle.

•ARCHIVES DES HOSPICES. — Il en sera de même pour les Archives des hospices. Nous mentionnerons les dépôts les plus importants, ceux qui auront été inventoriés soit par des élèves de l'École des Chartes, soit par des érudits des départements.

Les *Bibliothèques Administratives* ne seront pas oubliées, et nous ferons connaître celles qui ont déjà une certaine valeur.

Mais, pour cette année, nous ne donnerons en quelque sorte qu'un spécimen des Annuaires futurs, qui pourront devenir d'une utilité plus générale, si MM. les Archivistes veulent bien nous communiquer des faits intéressants, ou des questions spéciales relatives à leur service administratif. Ces communications seront accueillies avec empressement et publiées sous leur nom lorsqu'ils le désireront.

L'Annuaire de 1860 se composera donc de l'état du personnel, de l'extrait de l'Analyse des vœux des conseils généraux de 1850 à 1859, en ce qui concerne les Archives ; de la liste des départements inspectés cette année ; enfin, d'une *notice* sur les Archives départementales de l'Ain.

Dans le cahier de 1861, le nombre des *notices* sur les Archives Départementales sera plus considérable, puisque nous n'aurons vraisemblablement pas de nombreuses circulaires nouvelles à publier. Les précédents administratifs et les renseignements divers y auront aussi une large place.

M. P. Dupont, auquel on est redevable de si nombreuses et de si utiles publications administratives, a bien voulu comprendre celle-ci parmi celles qui sortent annuellement de son vaste établissement.

Paris, imp. de Paul Dupont, rue de Grenelle-St-Honoré, 45.

www.ingramcontent.com/pod-product-compliance
Ingram Content Group UK Ltd.
Pitfield, Milton Keynes, MK11 3LW, UK
UKHW021004230726
13924UKWH00009B/1605